KB164122

한 번도 낚시를 해보지 않은 분들을 위한 루어낚시 안내서

루어낚시의 맛

루어낚시의 맛

지은이 서성모
펴낸이 정규도
펴낸곳 황금시간

초판 2쇄 발행 2022년 11월 21일

편집 이영규, 김진현
디자인 정현석, 김나경, ALL designgroup
그림 탁영호

공급처 (주)다락원 (02)736-2031

주소 경기도 파주시 문발로 211
전화 (02)736-2031(대)
팩스 (031)8035-6907
출판등록 제406-2007-00002호

값 14,000원
ISBN 979-11-87100-48-5 13690

http://www.fishingseasons.co.kr
황금시간 홈페이지를 통해 인터넷 주문을 하시면 자세
한 정보와 함께 다양한 혜택을 받으실 수 있습니다.

한 번도 낚시를 해보지 않은 분들을 위한 루어낚시 안내서

루어낚시의 맛

서성모 지음

각 분야
전문가들의
★ 실전 ★
어드바이스

쏘가리 · 배스 · 무지개송어

LURE FISHING

황금시간
Golden Time

루어낚시는 게임이다

이 책은 루어낚시 입문서입니다. 저자로서 또 오랜 기간 낚시전문지에 몸담고 있는 편집자로서 이 책을 잘 만들고 싶었습니다. 처음엔 '루어낚시 하는 방법을 어떻게 하면 잘 설명할 수 있을까'를 고민했습니다. 하지만 그것만으로는 부족하다는 생각이 들었습니다. 지금 시대는 마음만 먹으면 루어낚시 하는 방법 정도의 정보는 조금만 시간을 투자하면 얼마든지 얻을 수 있기 때문입니다. 그래서 방향을 바꿨습니다. '이 책을 구입하려는 분들은 왜 루어낚시에 관심을 갖게 됐을까' 하는 것으로 말이죠. 마니아 성향이 강한 낚시에서 더 들어가 전문 분야인 루어낚시에 호기심을 갖게 된 이유가 분명히 있을 겁니다. 그리고 그 이유는 '루어낚시가 재미있어 보여서'라고 생각했습니다.

루어낚시는 다른 낚시 분야와 비교해 역동적이고 스포티합니다. 한곳에 앉아서 낚시하는 게 아니라 여기저기를 옮겨 다닙니다. 어떤 루어, 어떤 가짜 미끼가 물고기에게 통할지 고민해하고 수시로 바꿉니다. 그런 면에서 요즘 사람들이 많이 하는 게임인 배틀그라운드나 오버워치와 닮았습니다. 좋은 아이템을 손에 넣으면 더 좋은 점수를 올릴 수 있듯 루어낚시도 좋은 루어가 물고기를 더 잘 낚게 해줍니다. 어떤 동선으로 침투해서 어느 누구를 먼저 상대해야 할지 게임 전략이 중요하듯 루어낚시도 어느 낚시터를 찾아 어떻게 루어를 조작해야 할지 테크닉이 중요합니다.

이러한 이유로 루어낚시는 자연과 함께하는 게임이라 할 수 있습니다. 하면 할수록 재미있고 빠져들어서 중독됩니다. 그런데 이 게임은 중독될수록 몸이 건강해지고 머리가 맑아집니다. 그래서 루어낚시를 스포츠피싱이라고 부릅니다.

게임은 조작법만 익히면 누구나 쉽게 즐길 수 있습니다. 실력을 쌓는 방법은 게임을 오래 그리고 많이 하는 것입니다. 레벨이 높아지는 것이죠. 「루어낚시의 맛」은 루어낚시라는 게임의 조작법을 쉽게 익힐 수 있도록 기획한 책입니다. 한 번도 낚시를 해보지 않은 분들을 위한 루어낚시 안내서란 부제처럼 누구나 쉽게 배우고 현장에서 응용할 수 있도록 기획하고 구성했습니다. 「루어낚시의 맛」의 특징은 다음과 같습니다.

첫째, 낚시 서적하면 떠오르는 딱딱한 수험서 같은 교본에서 벗어나기 위해 일러스트 수를 대폭 늘이고 글을 줄였습니다. 이 책에서 그림이 차지하는 비율이 70%입니다. 그림책을 보듯 책장을 술술 넘기면서 배울 수 있습니다.

둘째, 루어낚시의 기본인 쏘가리, 배스, 무지개송어로 대상어를 줄였습니다. 다른 물고기는 어떻게 잡으라고 하는 것이냐 하고 물을 수도 있습니다. 장담하건대 이 세 가지 루어낚시만 제대로 익히고 배워 실력을 쌓아 나간다면 다른 대상어는 쉽게 상대할 수 있습니다. 이 세 어종의 루어낚시에서 쓰이는 용어를 비롯해 루어, 캐스팅, 묶음법 등의 매뉴얼은 대상어만 다를 뿐이 다 일맥상통하고 있기 때문입니다.

셋째, 세 어종마다 특성에 맞춰 미션을 부과해 읽는 재미를 더했습니다. 쏘가리 루어낚시는 쏘가리가 우리나라를 대표하는 물고기라는 점에 초점을 맞췄습니다. 배스 루어낚시는 낚시대회에 참가하는 과정을 넣어 활용도를 높였습니다. 무지개송어 루어낚시는 누구나 쉽게 배울 수 있다는 점에서 가족낚시라는 테마에 맞췄습니다.

넷째, 각 분야별 전문가가 참여해 전문성을 높였습니다. 어류학에선 이완옥 박사, 쏘가리 루어낚시에선 이찬복 프로, 배스 루어낚시에선 박기현 프로, 무지개송어 루어낚시에선 안지연 프로가 지면 곳곳에서 등장해 여러분께 조언을 해줍니다.

다섯 째, 정보의 차별화를 위해 각 어종마다 피싱가이드란 부록 코너를 마련했습니다. 실제 낚시에서 필요한 장비와 루어 정보, 낚시터 정보, 꼭 알고 있어야 할 상식 등을 꼼꼼하게 체크해 넣었습니다.

음식은 같은 재료라고 해도 누가 요리하느냐에 따라 맛이 달라집니다. 「루어낚시의 맛」은 입문자들에 꼭 필요한 정보만을 골라 기름기를 빼고 루어낚시라는 재료 본연의 맛을 살리기 위해 노력했습니다. 저자의 끊임없는 청탁과 수정 요구에도 싫은 내색 한 번 없이 200여 컷의 그림을 그려주신 탁영호 작가님, 그리고 자신의 일처럼 편집과 디자인에 애정을 쏟아주신 다락원 미술부의 정현석 이사님과 김나경 부장님께 지면을 빌어 감사의 말을 전합니다.

월간 낚시춘추 **서성모** 편집장

이렇게 쉽게
루어낚시를 배울 수
있다니요!

이완옥 이학박사(어류학), 상지대학교 대학원 외래교수

항상 낚시를 생각하면 흥분된다. 월간 낚시춘추 편집장이며 루어낚시 전문 기자인 서성모 기자가 쓴 루어낚시 입문서 「루어낚시의 맛」 출간에 힘을 보태고 또 이렇게 추천사를 쓸 수 있어 흥분되고 행복하다.

입문자를 위해 쓴 루어낚시 안내서는 매우 시의적절하고 필요하다고 생각한다. 모든 사람들은 새로운 취미생활을 시작할 때에 전문 분야와 달리 어깨너머로 배워, 기본을 배울 기회를 놓치게 된다. 그러다 보니 조금만 지나면 모두 전문가인양 나서지만 가장 기본적인 것이 부족한 낚시인들을 자주 만나게 된다. 자꾸 불필요한 질문과 물고기에 대해 오해를 하는 경우도 본다.

오랫동안 낚시기자로 현장에서 뛰어온 서성모 기자가 이러한 상황을 잘 알고 루어낚시의 기본부터 차근차근 설명하고 알릴 필요성을 느낀 것이 이 책이 나오게 된 배경일 것이다. 출간 전 미리 받아본 원고엔 루어낚시에서 가장 중요한 정보인 물고기에 대한 기본 지식을 자세히 설명해 놓았다. 그 내용을 보고 있으면 전문가인 나도 많이 배우게 된다. 이 책은 루어낚시를 잘 하려면 우선 대상어에 대해 잘 알아야 한다는 것을 알려준다. 그래서 매우 반갑다.

이찬복 경력 25년차 현역 쏘가리 낚시인, 네이버카페 팀쏘가리 운영자, 유튜브 쏘가리 낚시 전문 채널 쏘튜브 운영자

낚시춘추 서성모 편집장님을 처음 만난 것은 2010년대 초반의 뜨거운 여름 어느 날이었습니다. 낚시춘추 기자와 쏘가리 낚시꾼으로 쏘가리 루어낚시 취재를 위해 금강의 어느 여울에서 만났습니다. 뜨거운 한낮부터 모기가 들끓는 저녁까지 나는 쏘가리를 낚기 위해 캐스팅을 반복했습니다. 서성모 기자님은 금강의 대물 쏘가리를 멋지게 낚는 나를 카메라에 담기 위해 버티고 또 버텼었지요. 결국 그날 취재는 작은 쏘가리 두세 마리로 마무리됐지만 땀을 뻘뻘 흘리며 여울을 지키다 땡볕에 익은 서성모 기자님의 벌건 얼굴이 지금도 생각이 납니다.

그로부터 10년 가까이 지나는 동안 나는 여전히 크고 많은 쏘가리를 잡아야겠다는 강박감에 허덕이는 철없는 쏘가리 낚시꾼으로 남아 있는데, 서성모 기자님은 이렇게 입문자부터 전문가까지 즐겁고 유익하게 볼 수 있는 루어낚시 책을 만들어 냈습니다.

「루어낚시의 맛」

이 책은 나와 같은 세상모르고 살아가는 철없는 낚시꾼을 수없이 많이 취재했던 결과물이라 생각합니다. 그리고 낚시와 그 낚시를 하는 사람을 바라보는 서성모 기자님의 올곧은 시선이기도 하고요. 수십 년을 쏘가리낚시 한다고 세월을 보낸 나와 같은 프로 낚시인도 즐겁게 읽을 수 있고, 오늘 처음 쏘가리낚시에 관심이 생긴 입문자 분들도 가볍게 펴 들어 읽어볼 수 있는 책. 진지하지만 지루하지 않고 깊이가 있지만 어렵지 않아서 좋았습니다.

요즘처럼 영상으로 빠르게 정보를 스캔하는 시대에 정성스레 적은 낚시에 대한 이야기들은 다르게 다가옵니다. 한 페이지 한 페이지 넘겨가며 낚시에 대한 지혜와 마음을 나눌 수 있어 좋았습니다.

박기현 배스낚시 경력 20년, KSA 소속 배스 프로, JS COMPANY, LOWRANCE 프로스탭

저는 루어낚시를 너무 어렵게 배웠습니다. 당시에는 루어 낚시를 배울만한 전문 서적이나 영상 매체가 거의 없었기 때문이죠. 하지만 요즘은 낚시와 관련해 볼거리와 배울거리가 넘쳐나는 세상입니다.

최근 들어 유튜브 등의 채널을 통해 올라오는 개인 낚시 영상이 인기가 좋습니다. 다양한 주제를 가지고 영상이 올라오고 있습니다. 하지만, 낚시 입문자가 보기에는 너무 어려운 게 사실입니다. 또 조회수를 올리기 위해 자극적이고 재미 위주의 영상을 주로 올리다 보니 루어낚시를 체계적이고 진중하게 접근하려는 분들에게는 오히려 반감을 가지게 하고 있는 것이 현실입니다

그런 목마름을 가지셨던 분들에게 「루어낚시의 맛」을 추천 드리고 싶습니다. 루어낚시 입문자 분들에게 재미있고 이해하기 쉽도록 구성된 이 책은 낚시를 20년 넘게 한 제가 보아도 배울 것이 있을 정도로 다양한 정보가 알차게 구성되어 있습니다. 세상 참 좋아졌습니다. 이렇게 쉽게 루어낚시를 배울 수 있다니요!

안지연 무지개송어 루어낚시 전문가, 만화가, 낚시춘추 필자, FTV 제작위원, N·S 프로스탭, LFA 배스 프로

무지개송어를 낚기 위해 처음 유료낚시터를 찾았을 때가 떠오릅니다. 무작정 낚시터 앞 매점에서 파는 루어 몇 개를 사서 남들 하는 것을 보고 따라하며 시작한 무지개송어낚시. 실수도 많고 궁금한 것도 많았습니다. 물론 입문 첫날은 꽝이었고 그 때문인지 날씨는 더 추웠습니다. 지금은 무지개송어가 낚일 시간을 알고 상황에 맞는 루어를 고르는 등 실력을 쌓았지만 당시를 생각하면 암울합니다. 낚시터에 고기 안 푼 것 아니냐고 탓할 정도로 꽝이 많았던 그때 바로 「루어낚시의 맛」이 있었다면!

이 책에는 서성모 편집장님이 콕콕 짚어낸 루어낚시의 핵심 정보들이 들어 있습니다. 덧붙여 저를 포함한 각 분야의 전문가들이 뽑아낸 꿀팁이 내용의 충실도를 더해, 책을 읽고 있으면 다시 초심으로 돌아가 공부하게 만듭니다. 루어낚시를 접할 때 꼭 알아야 하는 것들이 담겨 있습니다. 이 책을 시작으로 독자들의 눈높이에 맞는 다양한 어종의 낚시 서적이 많이 출간되기를 기대합니다.

3 배스 루어낚시

4 무지개송어 루어낚시

1

내 생애
첫 루어낚시

루어와 루어낚시란?

낚시를 배우면
당신에게 일어나는 변화들

물가를 보면 마음이 편해진다

우리나라에서 물고기를 잡을 수 있는 곳, 즉 전국의 강과 하천, 물을 담아 농업용수로 사용하는 저수지의 숫자는 몇 개나 될까? 강과 하천은 3천800여 개, 저수지는 1만4천800여 개에 이른다. 여기에 동서남 어느 방향으로 가도 바다와 만난다. 사방이 낚시터다. 물가에 서면 마음이 편해지고 고향에 온 느낌이 들게 된다.

내 속의 야생의 본능을 깨운다

인간은 누구나 사냥 본능이 숨어 있다. 인류는 사냥을 통해 먹을 것을 구해왔기 때문이다. 고기잡이는 태고적부터 지금까지 이어져온 원시 그대로의 모습을 간직하고 있는 사냥법이다. 사실 인류 역사에서 낚시가 취미로 자리 잡은 지는 얼마 되지 않는다. 물고기를 만나면 엔돌핀이 솟고 가슴이 뛰는 것은 당연한 일이다.

아이들과 소중한 추억을 나눌 수 있다

아이들은 대부분 물고기를 좋아한다. 물 자체가 아이들에겐 친숙한 놀이 공간이고 그 속에서 만나는 물고기는 신비로움의 대상이다. 낚시를 알고 있으면 아이들과 물고기를 잡으며 소중한 추억을 공유할 수 있다. 물고기 낚는 법을 알려주는 아빠와 엄마는 멋있다.

과학자가 된다

물고기를 잘 낚기 위해선 자연의 변화와 물고기의 생태에 대해 알고 있어야 한다. 낚고자 하는 물고기를 공부하다 보면 물고기를 더 좋아하게 된다. 물고기가 어떤 먹이를 먹는지, 어떤 환경에서 먹이사냥에 나서는지, 물고기의 사기를 떨어뜨리는 자연변화는 무엇인지 자연과학에 대한 식견이 자연스럽게 깊어진다.

물고기 요리사가 된다

낚아온 물고기를 맛있게 먹는 것은 또 하나의 즐거움이다. 쏘가리나 송어와 같은 민물 물고기를 비롯해 광어, 참돔 등의 바닷물고기는 자연산의 경우 횟집에서도 만날 수 없는 고급 요리 재료다. 가족에게 직접 낚은 물고기를 요리해주고 또 맛있게 먹는 가족의 얼굴을 보는 것은 낚시만이 주는 큰 행복이다.

루어낚시는
루어라는 가짜 미끼로
물고기를 유혹하는 낚시 방법

낚시란 미끼를 낚싯바늘에 달아 물고기를 낚는 것을 말한다. 낚시 안에는 여러분이 생각하는 것보다 다양한 분야가 있다. 어떤 물고기를 낚느냐에 따라 붕어낚시, 잉어낚시, 우럭낚시 등으로 나뉘고 어디서 낚시하느냐에 따라 민물낚시, 바다낚시, 배낚시, 갯바위낚시 등으로 나뉜다.

우리가 배우려는 루어낚시는 미끼를 기준으로 구분한 낚시 분야 중 하나다. 미끼를 기준으로 구분한 낚시 분야는 딱 두 가지다.

지렁이나 떡밥과 같이 생물이나 천연 재료를 미끼로 사용하는 생미끼낚시, 그리고 생미끼와 비슷하게 만든 가짜 미끼, 즉 '루어'로 물고기를 낚는 루어낚시다.

루어의 사전적 의미는 '유혹하다', '꾀다'이다. 가짜 미끼인 루어는 플라스틱이나 나무, 고무 등을 소재로 만든다. 물고기의 입질을 유도할 수 있도록 생미끼와 비슷하게 만들거나 비슷한 효과를 내도록 설계됐다. 물고기의 습성만을 노려 먹잇감과는 완전히 다른 모습으로 만들기도 한다. 우리는 이 루어를 바늘에 꿰거나 아니면 바늘이 달려 제작된 루어를 낚싯줄에 묶어 던져 물고기를 낚는 것이다.

하지만 낚시 과정에서 이 루어 자체만으로는 물고기를 유혹하는 데 한계가 있다. 루어를 실제 먹잇감처럼 보이게 만드는 것은 낚시인의 몫이다. 지렁이를 본떠 만든 루어가 실제 지렁이처럼 보이게 하기 위해 흔들어주거나 질질 끌어주는 등 물고기의 입질을 유도하는 데 있어 낚시인의 역할은 매우 크다. 죽어 있는 가짜 먹잇감에 생명을 불어 넣는 것이다. 그래서 루어낚시는 다른 낚시 분야에 비해 움직임이 많고 역동적이다.

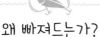

왜 빠져드는가?
재미있는 게임이기 때문

루어낚시는 우리나라에서 생겨난 낚시 분야는
아니다. 중세 유럽에서 태동한 루어낚시가 전
세계로 퍼져 우리나라까지 들어왔다. 그래서 앞
으로 배울 루어낚시 용어는 외래어가 많다.

낚시의 역사가 어로행위에서 발전해 취미로 자
리 잡았듯 루어 역시 물고기를 잡는 어구에서
출발했다. 북유럽에서 대구 조업에 사용하던 금
속 어구가 현재 대구나 부시리 등 바다 루어낚
시에서 주로 사용하는 루어인 메탈지그로 발전
했다.

유럽에서 각 나라로 퍼진 루어낚시는 그 나라에
많이 서식하고 있는 물고기를 중심으로 자리를
잡았다. 배스가 많이 서식하는 미국에선 배스
루어낚시가 성행하고 높은 산과 계곡이 많은 캐
나다에선 찬물에 서식하는 송어 루어낚시가 활
기를 띠었다.

한 가지 공통적인 사실은 루어낚시에 잘 잡히는
물고기 대부분이 초식성이 아닌 육식성이고 공
격성이 강한 물고기라는 것이다. 낚시인은 더
재미있게 물고기를 잡을 수 있도록 루어낚시를
연구하고 발전시켰다.

이러한 루어낚시만의 특성은 '스포츠피싱'이란
낚시문화를 탄생시켰다. 스포츠를 즐기듯 낚시
를 즐기겠다는 의미다. 꼭 필요한 상황이 아니면
낚은 물고기는 방류를 하는 캐치앤릴리스를 실
천하려 노력하고 물고기를 품고 있는 대자연을
상대로 정정당당한 승부를 벌이는 것을 중요하
게 여긴다. 그래서 루어낚시를 두고 물고기와 벌
이는 게임의 장이란 뜻에서 게임피싱이라고 부
른다. 배스 전문 프로 낚시인들은 프로축구 경기
를 뛰듯 보트를 타고 1년에 수차례 낚시경기를
치르는 배스프로토너먼트에 참가하고 있다.

사진으로 만나는 쏘가리 루어낚시

✦ 바지장화를 입고 물속으로 들어가 쏘가리 입질을 기다리고 있다. 사진의 장소는 섬진강.

1 쏘가리낚시에서 많이 사용하는 미노우. 미노우는 '피라미'란 뜻으로 물고기를 닮은 딱딱한 소재의 루어를 말한다.

2 낚은 쏘가리를 들어 보이고 있는 이찬복 프로. 쏘가리는 우리나라를 대표하는 토종 물고기다.

3 낚은 쏘가리를 방류하고 있는 중.

사진으로 만나는 배스 루어낚시

✦ 벚꽃이 핀 봄 강가에서 배스 루어낚시를 즐기고 있는 낚시인들. 사진은 부산 조만강.

1 물보라를 일으키며 수면을 질주하고 있는 보트.

2 경북 안동호에서 보트낚시 중 낚은 씨알 굵은 배스를 들어 보이고 있는 박기현 프로.

3 "배스 낚았어요!"

사진으로 만나는 무지개송어 루어낚시

✦ 무지개송어를 건 안지연 프로. 자세를 낮춰 고기와 맞서고 있다.

1 수상 잔교가 놓인 도심 근교의 유료 낚시터. 사진은 경기 시흥 달월낚시터.

2 수면을 가르며 거칠게 저항하는 무지개송어.

3 낚시 뜰채에 담긴 무지개송어.

2
쏘가리
루어낚시

우리나라 대표 물고기를 낚는다는 자부심

쏘가리는?
우리나라 국가대표 물고기

대한민국 루어낚시의 상징

쏘가리는 전 세계에서 우리나라와 중국에만 서식한다. 선조들은 쏘가리를 두고 비단 비늘을 두른 물고기란 뜻에서 '금린어(錦鱗魚)'라 불렀다. 우리나라의 루어낚시도 쏘가리를 낚는 데서 시작됐다. 쏘가리 루어낚시는 우리나라 토착 물고기를 대상으로 하여 발전해왔다는 점에서 우리나라 루어낚시의 상징이자 자부심이다.

쏘가리는 흐르는 물에 주로 서식하고 있다. 따라서 우리나라 전역의 큰 강과 하천에서 만날 수 있다. 쏘가리는 살아 있는 작은 물고기를 주로 먹는 육식성 어종으로 민물에선 천적이 없는 최상위 포식자다.

쏘가리는 아름다운 물고기다. 쏘가리를 한 번 본 외국의 낚시인들은 그 풍모에 반하고 만다. 동양화를 떠올리게 하는 몸통의 매화 무늬가 눈을 사로잡는다. 등지느러미를 바짝 세우고 있는 모습은 언제 봐도 늠름하다. 쏘가리를 강계의 왕자라고 부르는 이유다.

매화 무늬

몸체의 매화 무늬는 가운데에 노란 점이 있는 것이 특징이다. 매화 무늬와 날렵한 몸체 때문에 낚시인은 쏘가리를 '강계의 표범'이라고 부르기도 한다.

찔리면 아파

쏘가리의 등지느러미는 찔리면 심한 고통을 느끼고 또 오래 간다. 맨손으로 만지기보다는 주둥이를 잡을 수 있는 낚시용 포셉스나 랜딩그립을 사용한다.

이빨이 있다

아래턱이 길고 입안에 날카로운 이빨이 박혀 있다. 먹고자 하는 의지가 있을 때는 전광석화 같이 달려들어 덥석 삼킨다.

60cm 넘게 자란다

쏘가리가 30cm 이상 자라려면 5년 넘게 살아야 한다. 우리가 낚시로 만나는 쏘가리 크기는 30cm 전후이며 40cm 이상은 대어로 인정 받는다. 낚시로 잡은 국내 최대 쏘가리 크기는 2020년 현재 북한강에서 낚인 67cm다. 법적으로 18cm 이하는 체포 금지 체장으로 정하고 있다.

겨울엔 먹이활동을 하지 않는다

쏘가리는 수온이 낮은 겨울엔 깊은 수심의 바위 옆에서 꼼짝하지 않고 머무르며 겨울을 난다. 봄부터 가을까지 먹이활동을 벌이므로 낚시를 할 수 있는 기간도 봄부터 가을까지라고 보면 된다. 산란기인 봄과 여름의 문턱인 6~7월, 초가을인 9월이 쏘가리가 가장 잘 낚이는 시기다.

밤에 주로 먹이사냥을 한다

쏘가리는 밤에 주로 활동하는 야행성 물고기다. 쏘가리가 잘 낚이는 6~9월엔 저녁과 새벽에 입질하는 일이 많으므로 이 시간대를 놓치면 안 된다.

하지만 그렇다고 쏘가리가 낮에 움직이지 않는 것은 아니다. 수온이 낮은 초봄이나 늦가을엔 햇살이 퍼지는 오전에 먹이사냥에 나서기도 한다. 중요한 것은 수온이다. 서식하기 좋은 수온만 맞으면 저녁과 새벽에 가장 활발히 움직인다. 이때가 바로 초여름이다.

쏘가리는
한국 루어낚시의 시조어(始釣魚)

우리나라에서 루어낚시는 쏘가리를 낚는 것으로 시작됐다. 1960년대 초부터 시작된 루어낚시에서 주 대상어는 쏘가리였다. 무지개송어는 80년대 초, 배스는 80년대 말이 되어서야 루어낚시가 대중화되기 시작했다. 50년이 넘는 역사를 일일이 살펴볼 수는 없지만 쏘가리 낚시가 우리나라 루어낚시의 원조라는 사실을 기억해두자.

싱싱한 물고기 아니면 안 먹어

쏘가리는 물고기를 주로 먹은 어식어(魚食魚)다. 물고기 외에 수생생물은 잘 입에 대지 않는다. 지렁이나 새우를 간혹 먹긴 하지만 주 먹이는 살아 있는 물고기다. 강에 사는 피라미, 끄리 등의 어류를 잡아먹는다. 살아 있는 녀석이 아니면 입을 대지 않을 정도로 식성이 까다롭다.

한 곳에 모여 있는 일이 많다

쏘가리는 여울 근처의 수심 깊은 소(沼)를 중심으로 활동한다. 여울을 끼고 있는 소 주변에 큰 바위가 있으면 여러 마리의 쏘가리가 있을 가능성이 높다. 강계에서 최상위 포식자인 쏘가리는 영역에 대한 다툼을 하긴 하지만 적대적이진 않다. 다른 곳에 비해 먹이가 많고 숨어 있기 좋은 서식처엔 여러 마리가 함께 모여 있는 일이 많다. 그래서 다른 곳에선 전혀 낚이지 않다가 한 군데에서만 잘 낚이는 일이 종종 발생하곤 한다.

"중국 쏘가리는 우리나라 쏘가리와 같기도 하고 다르기도 한 종"

쏘가리는 전 세계적으로 우리나라와 중국에만 서식하는 매우 특별한 종입니다. 한국에는 쏘가리 한 종이 분포하지만, 중국에 분포하는 쏘가리는 6종에서 9종으로 알려져 있습니다. 중국 남부 지방에 분포하는 쏘가리는 우리나라에 살고 있는 종과 같은 종으로 알려졌지만, 새파 수가 적고, 무늬가 다르며, 유전적으로 차이를 보여 다른 종으로 구분됩니다. 그러나 압록강 유역과 압록강으로 유입되는 송화강 등 중국의 동북부에 사는 쏘가리는 우리나라에 사는 종과 모양이나 유전적으로 같은 종이며, 많은 양이 우리나라에 수입되어 이용되고 있습니다.

장비
미노우로 낚아 보자

미노잉이란?

미노잉이란 미노우란 루어를 사용해서 쏘가리를 낚는 방법이다. 미노우는 물고기 모양의 딱딱한 루어, 즉 하드베이트로서 살아 있는 물고기를 사냥하는 쏘가리를 유혹하기에 알맞다. 루어 중 미노우처럼 딱딱한 성질의 루어를 하드베이트, 말랑말랑한 성질의 루어를 소프트베이트라고 한다. 소프트베이트의 대표적인 루어로는 지렁이와 비슷하게 생긴 '웜'을 들 수 있다. 하드베이트든 소프트베이트든 낚싯줄과 낚싯바늘을 조합해야 사용할 수 있다. 이러한 조합을 통틀어 '채비'라고 부른다. 영어로는 '리그'라고 부르는데 웜과 바늘을 조합한 채비엔 항상 이 '리그'란 용어가 붙으므로 새겨 놓고 있기를. 미노잉은 미노우와 피싱의 합성어다. 쏘가리 루어낚시에 사용하는 루어는 여러 가지가 있지만 낚시인들이 가장 많이 활용하고 있는 루어가 미노우이고 또 쉽게 익힐 수 있는 낚시 방법이 미노잉이다.

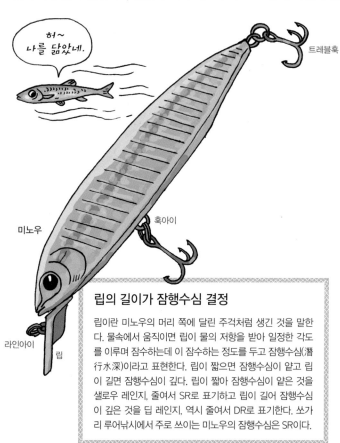

허~
나를 닮았네.

트레블훅

미노우

훅아이

미노우

라인아이

립

립의 길이가 잠행수심 결정

립이란 미노우의 머리 쪽에 달린 주걱처럼 생긴 것을 말한다. 물속에서 움직이면 립이 물의 저항을 받아 일정한 각도를 이루며 잠수하는데 이 잠수하는 정도를 두고 잠행수심(潛行水深)이라고 표현한다. 립이 짧으면 잠행수심이 얕고 립이 길면 잠행수심이 깊다. 립이 짧아 잠행수심이 얕은 것을 샬로우 레인지, 줄여서 SR로 표기하고 립이 길어 잠행수심이 깊은 것을 딥 레인지, 역시 줄여서 DR로 표기한다. 쏘가리 루어낚시에서 주로 쓰이는 미노우의 잠행수심은 SR이다.

미노우

40~70mm 길이의 미노우를 주로 사용한다. 일단 서스펜딩 타입을 고른다. 여기서 '서스펜딩'란 물속에 루어를 그냥 놓아두었을 때의 상태를 설명한 것이다. 서스펜딩 미노우는 물속에서 그대로 놓아두면 중층에 떠 있는(사실은 천천히 떠오른다) 상태가 된다. 색상은 형광색 등 눈에 잘 띄는 '어필 컬러'와 실제 물고기와 비슷한 색상인 '내추럴 컬러' 중심으로 고른다.

미노우의 세 가지 타입

서스펜딩 외 물속에서 그대로 놓아두면 떠오르는 플로팅, 가라앉은 싱킹 타입이 있다.

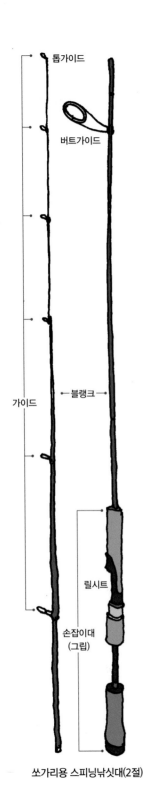

- 톱가이드
- 버트가이드
- 블랭크
- 가이드
- 릴시트
- 손잡이대 (그립)

쏘가리용 스피닝낚싯대(2절)

낚싯대

스피닝릴을 결합해 사용하는 스피닝낚싯대를 쓴다. 스피닝릴은 낚싯줄을 감는 도구 중 하나다. 낚싯대는 낚싯대의 영어 표현인 로드란 용어를 그대로 쓰기도 한다. 스피닝낚싯대, 스피닝로드 모두 같은 말이다. 길이는 5.8피트(177cm)에서 6.2피트(183cm)가 적당하다. 너무 길면 루어를 조작하기에 불편하다. 쏘가리 미노잉 전용대라고 출시되어 있는 제품을 구입하면 되겠다. 대부분 두 토막으로 이루어진 낚싯대를 조립하는 투피스로 만들어져 있다.

휨새와 강도

낚싯대는 크게 몸통을 이루는 블랭크와 낚싯줄이 통과하는 가이드, 릴이 결합되는 손잡이대로 구성되어 있다. 힘이 가해졌을 때 블랭크의 어느 부위에서 휘어지느냐(휨새) 어느 정도의 무게를 견딜 수 있느냐(강도)에 따라 성질이 나뉜다. 휨새에 따라 패스트테이퍼, 레귤러테이퍼, 슬로우테이퍼로 나뉘며 강도에 따라 울트라라이트, 라이트, 미디엄라이트, 미디엄, 미디엄헤비, 헤비로 구분된다. 쏘가리 미노잉 낚싯대에 알맞은 휨새와 강도는 패스트테이퍼 휨새와 라이트 강도다. 라이트 강도는 5~7g 무게의 미노우를 사용하기에 알맞다.

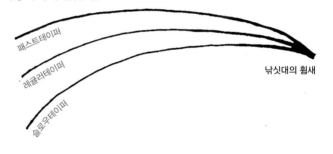

- 패스트테이퍼
- 레귤러테이퍼
- 슬로우테이퍼
- 낚싯대의 휨새

낚싯대의 강도

분류	사용 루어 무게
울트라라이트(UL)	7g 이하의 루어
라이트(L)	14g 이하의 루어
미디엄라이트(ML)	21g 이하의 루어
미디엄(M)	28g 이하의 루어
미디엄헤비(MH)	저항이 강한 루어
헤비(H)	강도 최우선용

낚싯대 제원 읽기

낚싯대 블랭크엔 제품의 특징을 알려주는 제원이 표기되어 있다. 'S 582L LURE 14g LINE 4~12lb'라고 표기되어 있다면 '스피닝낚싯대로서 5.82피트 길이이고 14g 무게의 루어까지 쓸 수 있으며 4~12lb의 낚싯줄이 적합하다'는 뜻이다.

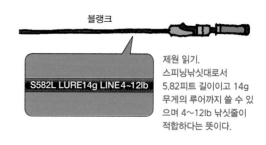

블랭크

S582L LURE14g LINE 4~12lb

제원 읽기.
스피닝낚싯대로서
5.82피트 길이이고 14g
무게의 루어까지 쓸 수 있
으며 4~12lb 낚싯줄이
적합하다는 뜻이다.

스피닝릴

루어와 연결된 낚시줄을 풀고 감는 데 쓰는 도구다. 핸들과 연결된 기어가 있어 핸들을 돌리면 낚싯줄이 감긴다. 낚싯줄이 감기는 양이나 무게에 따라 라인업이 형성되어 있다. 업체에 따라 규격이 조금 다르긴 하지만 쏘가리 미노잉용 릴이라면 모델 이름의 끝 번호가 2000인 것을 고르면 된다. 2000이면 2호 낚싯줄이 150m 정도 감긴다.

릴 다리

픽업베일
픽업베일을 젖히면 스풀에 감겨 있던 낚싯줄이 풀리고 닫으면 더 이상 풀리지 않는다. 캐스팅할 때는 픽업베일을 젖혀야 한다.

스풀
낚싯줄을 감아 놓는 장치.

로터
핸들의 회전을 스풀의 회전으로 이어주는 장치. 내부에 기어가 맞물려 있다.

역회전 방지 레버
역회전 방지 레버를 ON 상태에 놓으면 핸들이 한 쪽 방향으로만 움직이고 OFF 상태로 놓으면 앞뒤 방향으로 자유자재로 움직인다. 평상시엔 ON 상태에 놓는다.

라인롤러
스풀이 회전할 때 낚싯줄을 풀어주거나 감아주는 장치.

핸들

핸들노브

드랙노브를 시계 반대 방향으로 계속 돌리면 스풀을 분리할 수 있다.

드랙 노브
물고기를 걸었을 때 이에 맞서는 릴의 힘을 조정하는 장치.

스풀에 낚싯줄 묶기

두 번 감는다.

당긴다.

자른다.

스풀에 감은 PE라인(합사)의 적당한 양

PE라인은 스풀 모서리 기준 80% 정도 감
는다. 나일론라인이나 카본라인은 스풀 모
서리에서 2mm 정도 남게 감는다.

스풀 모서리

PE라인은 스풀에 80%
정도만 감고 나일론라인
이나 카본라인은 스풀
모서리에서 2mm 정도
남게 감는다.

낚싯줄의 선택
합사? 플로로카본? lb?

낚싯줄의 포장지나 케이스를 보면 그 낚싯줄이 어떻게 만들
어지고 소재는 무엇이며 강도는 어느 정도인지 알 수 있다.

■ 합사냐 단사냐

낚싯줄을 만드는 방법에 따른 분류다. 합사(合絲)는 여러 줄을
꼬아서 만든 낚싯줄을 말한다. 반대의 개념은 하나의 줄로 만
든 단사(單絲)라고 하며 영어로 모노필라멘트라인이라고 표
현한다. 합사는 강도가 높아 같은 굵기의 단사에 비해 가늘게
쓸 수 있다는 게 장점이다. 낚싯줄이 가늘면 루어를 캐스팅할
때 더 멀리 날아간다.

■ 나일론라인, 플로로카본라인, PE라인

낚싯줄의 소재에 따른 분류다. 우리가 쓰는 낚싯줄은 나일론
라인, 플로로카본라인, PE라인 중 한 가지를 쓴다고 보면 맞
다. 이 중 나일론라인과 플로로카본라인은 한 가닥의 실로 만
든 단사이고 PE라인은 여러 실을 꼬아서 만든 합사다. 가장
많이 쓰이고 있는 나일론라인은 세 낚싯줄에 비해 가격이 저
렴한 반면 강도가 약한 게 단점이다. 카본라인이라고 부르는
플로로카본라인은 나일론라인보다 비싸지만 오래 사용할 수
있고 물에 가라앉는 특성이 있다. PE라인은 가격이 비싸지만
굵기에 비해 강도가 높고 오래 쓸 수 있다는 게 장점이다.

■ 굵기와 강도

1호, 2호, 3호와 같은 호수는 굵기를 말하고 4lb, 8lb, 12lb
등의 표기는 강도를 뜻한다. lb는 파운드를 뜻하는 기호다. 1
파운드는 0.453kg으로서 4파운드, 4lb 라인은 수치상으로
1.812kg를 견딘다는 것을 뜻한다.

■ 쏘가리 미노잉에 사용하는 낚싯줄은?

0.8~1호 PE라인을 쓴다. PE라인은 가격이 비싼 게 흠이긴
하지만 장점이 많다. 가늘어도 강도가 높아 캐스팅 거리가 길
고 같은 강도의 단사에 비해 가늘기 때문에 물의 저항이 적
어 루어를 조작하기 쉽다. 또 질기기 때문에 오래 사용할 수
있다.

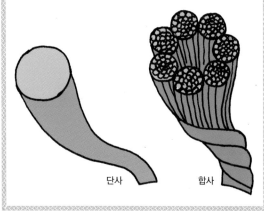

단사   합사

드랙 조정

드랙은 물고기가 루어를 물어 큰 힘으로 낚싯줄이 당겨질 때 스풀이 역회전하여 어느 정도 풀려나가도록 함으로써 끊어지는 일을 방지해주는 장치다. 드랙의 힘은 릴마다 차이가 있고 낚은 물고기의 크기에 따라 힘이 달리 작용해야 한다. 경험이 쌓이면 적절한 조절 정도를 알게 된다. 처음엔 드랙을 시계 방향으로 돌려 세게 잠근 뒤 한두 바퀴 풀어준 상태에서 줄을 강제로 잡고 당겼을 때 팽팽하게 풀리는 정도로 조정한다.

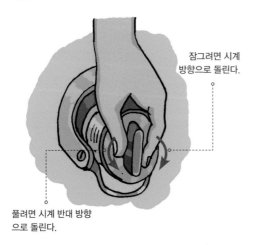

잠그려면 시계 방향으로 돌린다.

풀려면 시계 반대 방향으로 돌린다.

낚싯대 조립

낚싯대 마디를 조립했을 때 꽉 맞지 않고 어느 정도 틈이 생기는 게 정상.

낚싯대 마디는 비틀면서 집어 넣어 조립한다.

낚싯줄 묶는 법

낚싯줄과 루어, 낚싯줄과 스냅 등 고리가 있는 낚시 도구에 낚싯줄을 연결하는 방법으로서 클린치노트라고 부른다. 매듭 강도가 높고 익숙해지면 빠르게 묶어 쓸 수 있다.

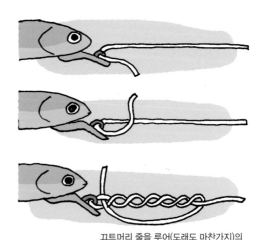

끄트머리 줄을 루어(도래도 마찬가지)의 고리 앞 첫 번째 고리 사이로 빼낸다.

나중에 당긴다.

먼저 당긴다.

자투리 줄을 자른다.

낚싯대에 릴 끼우기

릴시트 상단은 돌리면 풀리면서 위로 올라간다. 그 사이에 릴 다리를 끼우고 다시 릴시트 상단을 반대로 돌려 조인다.

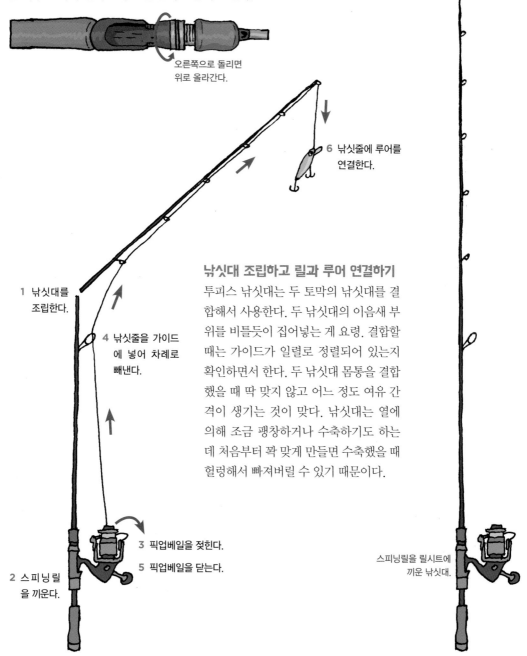

오른쪽으로 돌리면
위로 올라간다.

6 낚싯줄에 루어를
   연결한다.

1 낚싯대를
  조립한다.

4 낚싯줄을 가이드
  에 넣어 차례로
  빼낸다.

낚싯대 조립하고 릴과 루어 연결하기

투피스 낚싯대는 두 토막의 낚싯대를 결합해서 사용한다. 두 낚싯대의 이음새 부위를 비틀듯이 집어넣는 게 요령. 결합할 때는 가이드가 일렬로 정렬되어 있는지 확인하면서 한다. 두 낚싯대 몸통을 결합했을 때 딱 맞지 않고 어느 정도 여유 간격이 생기는 것이 맞다. 낚싯대는 열에 의해 조금 팽창하거나 수축하기도 하는데 처음부터 꼭 맞게 만들면 수축했을 때 헐렁해서 빠져버릴 수 있기 때문이다.

3 픽업베일을 젖힌다.
5 픽업베일을 닫는다.

2 스피닝릴
  을 끼운다.

스피닝릴을 릴시트에
끼운 낚싯대.

쏘가리 미노잉에 필요한 장비와 소품들

낚싯대와 릴, 루어 외에 웨이더(바지장화), 모자, 구명조끼(낚시조끼), 루어백,
뜰채, 포셉스(또는 랜딩그립) 등이 필요하다.

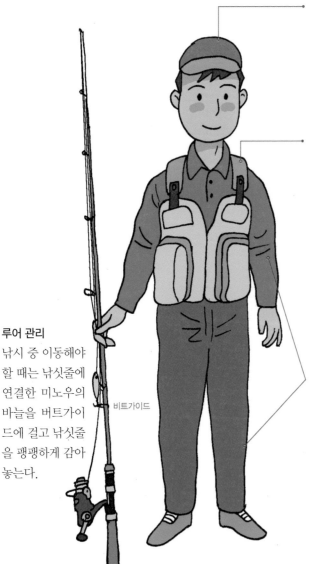

모자

햇살을 가릴 수 있는 모자면 어느 것
이든 상관없다. 낚시용 모자는 챙이
넓어 일반 모자에 비해 햇살을 더 가
려주며 방수 기능을 갖춘 것도 있다.

구명조끼(낚시조끼)

낚싯배를 타지도 않는데 웬 구명조
끼냐 하겠지만 웨이더를 입고 물속
에 들어간다면 안전을 위해 구명조끼
를 입는다. 시중엔 캐스팅 등 움직임
이 많은 루어낚시에 맞게 출시된 구
명조끼 제품이 출시되어 있는데 그것
을 구입하면 되겠다. 물속에 들어가
지 않는다면 낚시용 조끼만 착용해도
무방.

루어 관리

낚시 중 이동해야
할 때는 낚싯줄에
연결한 미노우의
바늘을 버트가이
드에 걸고 낚싯줄
을 팽팽하게 감아
놓는다.

비트가이드

낚시복

물가의 햇살은 더 강하고 따갑다. 햇
볕에 피부를 보호할 수 있는 긴팔 티
셔츠를 준비하고 비가 올 때를 대비
해 아웃도어용 재킷도 준비한다.

웨이더

무릎이나 허리 정도 수심의 물속에 들어갔을 때 물이 들어오지 않도록 막아주는 방수 의류다. 낚시를 하다 보면 발목 수심의 개울을 건너기도 하고 루어를 던지고자 하는 곳이 멀리 있어 물속에 들어가 던져야 하는 상황이 많다. 현재 웨이더는 쏘가리 미노잉의 필수 장비로 자리 잡은 상태다. 무릎장화형, 허리형, 가슴형 등이 있으며 이 중 방수 면적이 넓은 가슴형을 추천.

뜰채

낚은 물고기를 담아낼 때 사용한다. 쏘가리낚시용 뜰채는 일반 낚시용 뜰채보다 작고 휴대하기 편하도록 설계되어 있다.

선글라스

따가운 햇살로부터 눈을 보호해준다. 편광 선글라스는 물속까지 볼 수 있어 물속 지형을 파악하는 데 도움을 준다.

루어백

루어 등을 수납한 태클박스와 포셉스, 생수 등을 넣어놓는 휴대용 낚시 가방.

태클박스

루어와 바늘 등 낚시 소품을 수납해 놓는다.

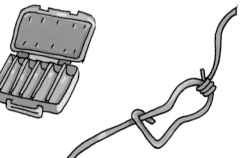

포셉스(또는 랜딩 그립)

쏘가리의 이빨은 날카롭다. 쏘가리의 주둥이를 잡을 때 사용한다.

스냅이 있으면 편리

루어와 낚싯줄을 연결해주는 클립 형태의 소품. 스냅이 있으면 루어를 교체하기 쉬워 편리하다.

랜턴

동이 터오기 시작하는 새벽이나 해질 무렵, 또는 초저녁에 낚시하는 일이 많으므로 랜턴은 필수. 머리에 쓰는 헤드랜턴이 두 손을 자유로이 쓸 수 있어 편리하다.

오버헤드·사이드캐스팅을 배워보자

캐스팅이란

낚싯대를 휘둘러 루어가 원하는 지점에 떨어지게 하는 과정을 말한다. 낚시인의 기량을 두고 목표 지점에 정확히 루어를 떨어뜨리느냐 그렇지 못하느냐 또는 멀리 던지느냐 그렇지 못하냐 하는 캐스팅 능력으로 판단하기도 한다. 캐스팅은 낚시의 기본이자 최고의 테크닉이다.

릴다리 사이에 검지와 중지를 끼워 잡지 마세요.

스피닝릴 기본 파지법

릴다리 사이에 중지와 약지를 끼운 상태에서 엄지는 낚싯대를 받친다.

캐스팅 중 검지로 해야 할 일이 많기 때문입니다.

①

캐스팅 전 준비 과정

1 낚싯줄에 검지를 건다
2 픽업베일을 젖힌다

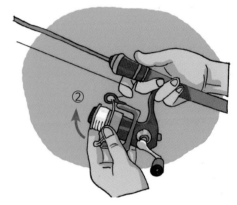

②

⑤

오버헤드캐스팅

스피닝 장비를 이용한 캐스팅의 기본. 머리 위로 낚싯대를 휘둘러 그 탄력을 이용해 루어를 날리는 방법이다.

1 낚싯대를 정면 수평 방향으로 놓고 목표 지점을 응시한다. 이때 톱가이드와 미노우의 간격은 20~30cm가 적당하다.
2 팔꿈치를 세우고 낚싯대의 탄력을 느끼며 들어올린다.
3 뒤로 젖힌다.
4 낚싯대의 반발력을 느끼며 앞으로 세운다. 톱가이드가 1시 방향에 올 때 검지로 잡고 있던 낚싯줄을 놓는다.
5 팔을 펴면서 낚싯대를 루어가 날아가는 방향과 일치시킨다.

낚싯대 탄력과 낚싯줄 놓기

1 낚싯대의 탄력을 충분히 이용해야 한다. 캐스팅을 하기 전 낚싯대를 흔들어 보면서 탄력을 몸에 익혀보자.

2 검지로 걸고 있던 낚싯줄을 놓는 타이밍이 중요하다. 루어가 머리 위로 지나갈 때 1시 방향 정도에서 낚싯줄을 놓는다. 너무 빨리 놓으면 루어가 하늘 높이 솟고 너무 늦으면 땅에 처박힌다.

3 날아가는 루어를 바라본다. 루어가 수면에 떨어지면 픽업베일을 닫아 더 이상 풀리지 않게 한다.

오~!
탄력있는데?

①

스피닝릴의 낚싯줄 방출

픽업베일을 젖힌 상태에서 캐스팅을 하면 스풀의 낚싯줄은 감겨 있던 형태를 유지하며 풀려나가기 시작한다.

스풀에 감겨 있었기 때문에 코일 형태로 풀려나간다.

루어가 날아가는 형태

루어는 낮은 포물선을 그리며 날아간다. 캐스팅 거리가 멀 경우 좀 더 높게 포물선을 그린다.

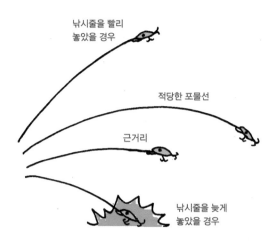

낚시줄을 빨리 놓았을 경우

적당한 포물선

근거리

낚시줄을 늦게 놓았을 경우

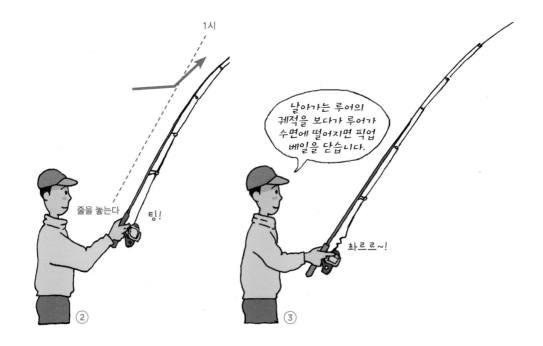

릴링

릴의 핸들을 돌려 낚싯줄을 감아 들이는 동작이다. 루어가 수면에 떨어진 뒤 픽업베일을 닫은 뒤엔 낚싯대를 세워서 늘어진 낚싯줄을 팽팽하게 한 후 릴링을 시작한다. 릴링을 이어가는 동작을 '리트리브'라고 부른다.

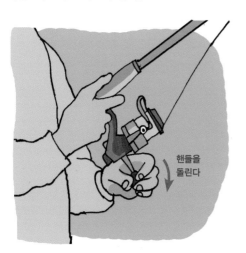

페더링

캐스팅을 한 뒤 릴에서 방출되는 낚싯줄의 양을 검지를 이용해 조절하는 방법이다. 루어가 수면에 떨어진 뒤 낚싯줄이 늘어나지 않게 하기 위해 활용한다. 또 낚싯줄의 방출량을 제어해 비거리를 조절하기 위해서도 활용한다. 캐스팅이 익숙해지면 페더링을 응용해보자.

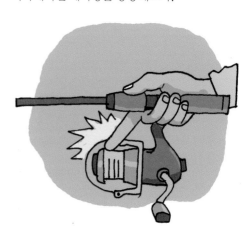

사이드캐스팅

오버헤드캐스팅이 머리 위로 루어가 지나가게 해서 던지는 방법이라면 사이드캐스팅은 옆으로 루어가 지나가게 해서 날리는 방법이다. 바람이 많이 불거나 나뭇가지 등 위쪽에 장애물이 있을 때 사용한다.

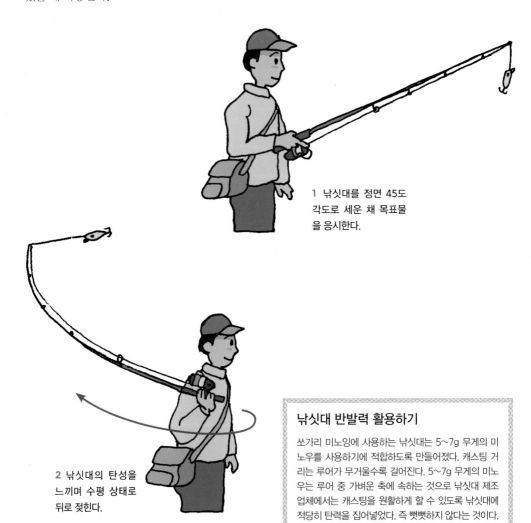

1 낚싯대를 정면 45도 각도로 세운 채 목표물을 응시한다.

2 낚싯대의 탄성을 느끼며 수평 상태로 뒤로 젖힌다.

낚싯대 반발력 활용하기

쏘가리 미노잉에 사용하는 낚싯대는 5~7g 무게의 미노우를 사용하기에 적합하도록 만들어졌다. 캐스팅 거리는 루어가 무거울수록 길어진다. 5~7g 무게의 미노우는 루어 중 가벼운 축에 속하는 것으로 낚싯대 제조업체에서는 캐스팅을 원활하게 할 수 있도록 낚싯대에 적당히 탄력을 집어넣었다. 즉 뻣뻣하지 않다는 것이다. 쏘가리용 미노우를 멀리 캐스팅하려면 힘으로 하는 것이 아니라 낚싯대의 탄력을 느끼면서 최대한 활용할 수 있어야 한다. 끊어치는 듯한 동작보다는 자연스럽게 캐스팅 동작이 이어져야 루어가 멀리 날아간다.

끊어치는 듯한 동작보다는 단계별 동작이 부드럽게 이어지도록 연습하세요.

3 낚싯대를 목표 지점 쪽으로 휘두른다. 낚싯대가 몸통 옆을 지날 때 낚싯줄을 놓는다.

낚싯줄을 놓는다.

4 낚싯줄을 놓은 뒤엔 목표 지점으로 낚싯대를 향하게 한다.

스피닝릴의 핸들은 좌우를 바꿀 수 있어요

스피닝릴을 사용할 때 오른손잡이의 경우 왼손으로 핸들을 돌리곤 합니다. 하지만 왼손잡이에겐 이게 불편할 수 있죠. 스피닝릴의 핸들은 좌우를 바꿀 수 있어 자신이 편한 쪽을 택해 핸들을 사용할 수 있습니다. 핸들이 붙어 있는 몸체 반대편엔 핸들을 고정시켜주는 나사형 덮개가 있는데 이것을 풀어주면 핸들을 분리시킬 수 있고 반대로 끼워주면 됩니다.

전문가 어드바이스

이천복 쏘가리낚시 전문가

나사형 덮개

분리해서

반대쪽에

나사형 덮개 조립

초여름에 강으로 가자

쏘가리 미노잉을 즐기기 가장 좋은 시기는 여름
으로 접어드는 6월부터다. 4~5월은 쏘가리를
잡을 수 없는 금어기여서 낚시를 가기 어렵고
그 이전인 3월은 쏘가리의 활성도가 높지 않아
미노우엔 별 반응을 보이지 않는다. 초여름부터
9월에 해당하는 초가을은 쏘가리가 먹이활동을
가장 활발히 하는 시기로서 미노우에 반응을 잘
해준다. 또 기온과 수온이 높아 웨이더를 입고
물에 들어가도 무리가 가지 않는다. 쏘가리낚시
의 최고 시즌인 것이다.

우리가 찾을 낚시터는 강이다. 저수지나 댐에
도 쏘가리가 낚이긴 하지만 걸어서 진입하기
힘들고 낚기도 쉽지 않다.

쏘가리가 많은 강은 특징이 있다. 크고 작은 돌
들이 바닥을 형성하고 있다. 이 정도 지형을 갖
추고 있으려면 제법 규모가 있어야 한다. 바닥
에 돌들이 많은 강은 수심이 얕은 곳에서 물이
돌에 부딪혀 여울을 만든다. 여울은 쏘가리의
사냥터다. 여울 주변의 깊은 소나 바위 옆에서
쉬고 있다가 여울로 나선다.

쏘가리 금어기
중부 5.10~6.10, 남부 4.20~5.30

쏘가리는 어자원을 보호하기 위해 법적으로 산란기를 중심으로 금어기를
정해놓았다. 2020년 현재 경기, 강원, 충청 지역의 중부 지방은 5월 1일부
터 6월 10일까지, 경상, 전라 지역의 남부 지방은 4월 20일부터 5월 30일
까지다. 댐은 예외적으로 중부 지역은 5월 20일부터 6월 30일까지, 남부
지역은 5월 10일부터 6월 20일까지다.

포인트
쏘가리는 어디에 있을까?

소에서 쉬고 여울에서 사냥한다

낚시인들이 가장 많이 쓰는 낚시 용어 중 하나가 '포인트'다. 포인트는 낚고자 하는 물고기가 있는 위치를 말한다. 넓게는 쏘가리가 잘 낚이는 지역, 좁게는 쏘가리가 입질한 지점이 되기도 한다. 강에서 쏘가리 잘 낚이는 이상적인 포인트는 쉼터와 사냥터가 공존하는 곳이다. 쏘가리는 큰 바위나 가파른 절벽 밑과 같이 깊은 수심을 이루는 소(沼)에서 머물다가 여울로 나와 먹이사냥을 한다. 여울은 물속의 작은 폭포라 이해하면 쉽겠다. 강바닥이 작은 급경사를 이뤄 물 흐름이 빨라지는 곳이다. 굵은 조약돌이 바닥을 이루고 있는 경우가 대부분이다. 흥미로운 것은 긴 강줄기 중 유독 한 포인트에서만 쏘가리가 낚이는 일이 많다는 사실이다. 물고기를 사냥하는 쏘가리는 밀림의 맹수처럼 사냥터를 두고 영역 다툼을 벌이긴 하지만 좋은 서식 여건을 갖춘 곳에선 일정 거리를 두고 몰려 있는 일이 많다. 그래서 여러 지역으로 흩어져 낚시를 하지만 한 포인트에서만 입질이 집중되는 일이 잦다. 쏘가리낚시에서 포인트를 중요하게 여기는 이유다.

하류

여울꼬리
(2순위 포인트)

다운스트림 캐스팅

여울

업스트림 캐스팅

여울머리(1순위 포인트)

상류

물 흐름 방향

여울의 위와 아래를 노린다

쏘가리는 작은 물고기를 주로 먹는다. 강에서 작은 물고기는 곧 피라미를 의미한다. 피라미는 여울과 같이 물 흐름이 많은 곳을 좋아한다. 쏘가리가 여울을 사냥터로 삼는 이유다. 여울은 물 흐름이 가장 빠른 중심부를 기준으로 상류를 여울머리, 하류를 여울꼬리라고 부른다.

1순위 포인트는 여울머리다. 미노우를 여울머리 쪽으로 던져 여울꼬리 쪽으로 흘린다. 낚시인이 서 있는 곳을 중심으로 상류 쪽으로 루어를 던진다는 의미에서 '업스트림 캐스팅'이라고 부른다.

2순위 포인트는 여울꼬리다. 루어를 하류 쪽인 여울꼬리에 던진 후 릴링을 하면 미노우가 물살을 거슬러 오게 된다. 하류 쪽으로 던진다는 의미에서 이를 '다운스트림 캐스팅'이라고 부른다. 여울 중심은 물살이 세서 미노우를 조작하기 어렵다.

업스트림 캐스팅, 다운스트림 캐스팅 어려운 낚시 용어가 나오긴 했지만 앞으로 낚시를 하게 되면 자주 듣고 사용할 단어이므로 익숙해지기를.

미노우는 어떻게 조작하나?

팔팔한 놈보다는 비실비실한 놈

여울에 나온 쏘가리는 먹이를 찾으려 온 녀석이
다. 먹잇감은 미노우와 닮은 피라미다. 포식자
의 입장에서 가장 적은 에너지를 소비할 수 있
는 먹잇감을 먼저 사냥하게 된다. 힘이 없어 비
실비실하거나 생명이 다해 흘러들어 오는 피라
미가 있다면 가장 먼저 사냥할 것이다. 미노우
의 동작은 이렇듯 사냥하기 쉬운 피라미의 모습
을 연출하는 것이다.

낚싯줄의 팽팽함을 유지한다

미노우를 던진 후 낚싯대를 조작해 루어의 움직
임을 연출한다. 이를 '액션'이라고 한다. 하지만
그 전에 알고 있어야 할 게 있다. 낚싯줄이 늘어
진 상태에선 아무리 낚싯대를 흔들어 액션을 주
려고 해도 루어에 힘이 제대로 전달되지 않아
원하는 동작이 나오지 않는다는 것이다. 물 흐
름의 저항을 받는 낚싯줄은 늘어지게 되어 있는
데 이를 핸들을 감거나 낚싯대를 세워서 팽팽하
게 유지할 수 있도록 한다.

낚싯대를 두세 번 짧게 치기(트위칭)

미노우를 물속에 떨어뜨린 후 릴링한 다음 손목을 이용해 낚싯대를 두세 번 짧게 채듯 움직여 짧고 불규칙한 동작을 주는 것이다. 트위칭 중간 중간에 늘어진 낚싯줄을 감아 들인 뒤 다시 짧게 채는 동작을 반복한다.

낚싯대 당겼다가 낚싯줄 감기(저킹)

저킹은 트위칭보다 낚싯대에 더 크고 예리한 동작을 주어 좀 더 길고 불규칙적인 동작을 연출하는 것이다. 낚싯대만을 이용해 미노우를 끌어주고 다시 낚싯대를 되돌려 늘어진 낚싯줄을 릴링으로 감아 들이는 동작을 반복한다.

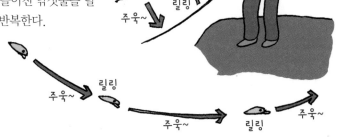

스테이에 입질!

스테이란 아무런 액션을 주지 않고 가만 놓아두는 것이다. 이렇게 미노우를 놓아둘 때 가장 많은 입질이 들어온다. 그렇다고 무작정 액션을 주지 말라는 얘기는 아니다. 저킹과 트위칭 등의 액션을 주다가 슬쩍 멈춰 주라는 것이다.

실전 1
크로스스트림 캐스팅

강 중앙 쪽의 여울에 수중바위가 있다면 이 부근에서 쏘가리가 낚일 확률이 높다. 강 중앙의 수중바위는 '크로스스트림 캐스팅' 방법으로 노린다. 물 흐름을 가로질러 루어를 날린다는 뜻이다. 공략 지점을 12시 방향에 두고 상류 쪽으로 캐스팅하여 입질을 노리고 물 흐름에 맡겨 흘려준 뒤 하류 쪽에서 입질을 받는 방법이다. 이와 같은 낚시 방법을 물 흐름 상류를 노린다는 의미에서 '업크로스스트림 캐스팅'이라고 한다. 반대의 개념은 물 흐름 하류 쪽으로 던져 감아 들이는 '다운크로스스트림 캐스팅'이다.

그림은 수중바위를 업크로스스트림 캐스팅으로 공략하는 모습이다. 그 앞으로 곧바로 캐스팅하는게 아니라 공략 지점보다 더 멀리 그리고 상류 쪽으로 캐스팅한다. 캐스팅한 후엔 조금 빠르게 감아들여 미노우를 최대 잠행수심까지 입수시킨 후 릴링을 멈추고 낚싯줄의 팽팽함을 유지하면서 입질 파악에 집중한다. 미노우가 물 흐름에 따라 흘러가도록 하는 놓아 두는 것인데 공략지점 2~3m 구역을 가상의 입질 지점으로 보고 그 범위를 루어가 벗어나면 릴링을 시작하여 루어를 회수한다. 이 동작을 반복한다.

입질 파악과 끌어내기

릴링이 안 되면 낚싯대를 세운다

쏘가리 미노잉에선 따로 챔질을 하지 않아도 된다. 챔질이란 루어를 문 물고기에게 낚싯대 조작이나 릴링으로 인위적인 힘을 가해 바늘이 주둥이에 박히게 하는 동작이다. 쏘가리가 미노우를 입에 갖다 대면 대부분 자동 입걸림이 된다. 낚싯대

를 세워주는 것만으로 챔질이 되는 것이다. 루어에 액션을 주거나 아니면 릴링을 하던 도중 어디에 걸린 듯 당겨오지 않는다면 일단 낚싯대를 세운다. 돌 등에 걸린 것이라면 아무런 움직임이 없을 테고 쏘가리가 문 것이라면 생명체 특유의 힘이 전달될 것이다.

낚싯대를 세운다

나 도망 갈래~

버티기와 릴링

쏘가리가 문 것이라면 곧바로 릴링을 하지 말고 낚싯대를 세운 채 버텨준다. 쏘가리는 힘이 가해지는, 낚시인의 반대쪽으로 내달린다. 이때 드랙을 꽉 조이지 않고 조금 풀어준 상태라면 "찌이익~"하는 소리와 함께 낚싯줄이 팽팽한 상태에서 풀려간다. 이렇게 버티다 보면 당기는 힘이 이전만 못하다는 느낌이 오는데 이때 릴링을 시작한다. 그리고 다시 힘을 쓰기 시작하면 버티고, 이런 과정을 반복하다 보면 발 앞까지 쏘가리를 끌어낼 수 있다. 발 앞까지 끌려온 쏘가리는 뜰채에 담는다. 이렇게 입걸림시킨 고기를 끌어내는 일련의 과정을 '랜딩'이라고 한다.

포셉스나 플라이어로 바늘을 뺀다

뜰채에 담긴 쏘가리는 미노우 바늘이 박힌 상태다. 맨손으로 빼려 하다간 쏘가리가 몸부림칠 때 등지느러미나 루어의 바늘에 다칠 수 있다. 바늘을 뺄 때는 반드시 포셉스나 플라이어를 사용한다.

뜰채를 수면 가까이 댄다.

플라이어

쏘가리 빨리 만날 수 있는 방법 6

동호회 회원들과 함께 간다

쏘가리낚시는 포인트가 중요하다. 포인트를 알고 있는
선배 낚시인과 함께 출조하는 게 낚시 실력을 늘리고 쏘
가리를 빨리 만나는 방법이다. 쏘가리 동호회에 가입해
보자. 활동을 하다 보면 출조 기회를 얻을 수 있다. 또 웨
이더를 입고 하는 쏘가리 미노잉은 안전사고의 위험도
있기 때문에 둘 이상 함께 가도록 한다. 서로가 보이는
위치에서 낚시를 하도록 하자.

일출 시간에 물속에 서있어야 한다

6~9월의 쏘가리는 새벽과 저녁에 먹이 사냥에 나선다.
낚시 시간 역시 이에 맞춰야 한다. 6월의 경우 일출 시
간은 5시경이다. 사위가 밝아오기 시작하는 5시경에 물
속에 서서 떠오르는 해를 보며 낚시를 이어간다. 육안
으로 좋아 보이는 포인트를 찾는 데 주력한다. 수심이
나오는 강 중심에 여울이 있고 유속이 빨라지는 수중
바위가 하나 버티고 있다면 가장 좋은 포인트가 된다.
오전 11시면 오전낚시를 마무리하는 일정으로 낚시 스
케줄을 짠다.

밤낚시는 기다리는 낚시

해질 무렵에 진입하는 밤낚시는 어둠 속에서 하는 낚시
다. 낮낚시처럼 자주 이동하기 어렵다. 해가 있을 시간에
조금 일찍 도착해서 주변의 낚시 여건을 살펴보고 낚시
할 곳을 찾아야 한다. 밤낚시에서는 새로운 포인트보다
는 잘 알려진 여울을 찾아 한 자리에서 쏘가리가 덤벼들
때까지 기다리는 '매복전'을 해야 한다. 밤낚시라 하더라
도 자정을 넘겨서는 입질을 받기 어렵다. 밤 10~11시에
맞춰 철수하는 일정을 짠다.

허리 이상 수심은 들어가지 않는다

포인트에 진입할 때는 동료 낚시인들과 함께 들어간다. 낚시터를 잘 아는 선배 낚시인의 뒤를 쫓아 가다가 자리를 잡는다. 강 중앙에 가까울수록 물 흐름이 빨라지고 수심도 깊어지므로 움직이기 쉽지 않다. 허리 이상의 수심은 들어가지 않는다.

50, 70mm 서스펜딩 미노우를 준비한다

낚시터마다 잘 듣는 미노우가 있다. 미노우는 선배 낚시인에게 추천을 받거나 현지 낚시점에서 물어보고 구입한다. 쏘가리의 활성도가 높은 여름엔 사실 많은 미노우는 필요 없다. 50, 70mm 미노우를 준비하되 원색 계열의 어필 컬러와 물고기와 닮은 사실적인 색상의 내추럴 컬러 1개씩 4개 정도면 충분하다.

미노우를 믿어보세요

미노우는 미노우 자체의 움직임과 기능을 최대한 활용해야 합니다. 루어를 적당한 수심층에 유영시키기만 해주면 강력한 어식어(魚食魚)인 쏘가리는 피라미를 닮은 루어를 공격하게 되어 있습니다. 그런 이유로 미노우낚시는 섬세함과 세밀함보다는 반복적인 동작이 필요합니다. 운동으로 치자면 기술이 필요한 활쏘기나 골프보다 장비가 중요한 자전거 타기에 가깝습니다. 정해진 동작을 반복적으로 꾸준히 흐트러짐 없이 이어갈 수 있는 능력과 멘탈이 필요합니다. 액션 연출에 너무 매달릴 필요는 없습니다. 피라미와 닮은 미노우의 외형만으로도 쏘가리의 입질을 유도해낼 수 있습니다.

쏘가리낚시용품 구입 가이드

주요업체별로 잘 팔리고 있는 쏘가리낚시용품들을 모아 소개한다.
제품별 가격은 2020년 현재 가격이며 게재는 업체명 가나다 순.

낚싯대

다이와 에어리티 MX

경량화 공정을 거쳐 100g대의 가벼운 무게를 갖춘 것이 장점이다. 10만원대 가격이지만 중급 이상 모델에 사용되는 하드우드 릴시
트와 코르크 그립을 채용했다. 602LS, 622ULS, 642LS 3종이 있다. 소비자가격은 1만2천~1만2천8백엔 .

바낙스 레전드 나노 스트림

나노픽스 카본을 채용해 복원력이 뛰어나며 QGX 1K 공법으로 강도를 보강하고 비틀림 강도를 향상시켰다. 최신형 후지 프레임 가이
드를 채용했으며 최고급 고강도, 내부식성의 반투명 크롬 증착 도장으로 외관을 마무리했다. 5개 라인업 중 S632UL 모델 명 '유능제
강'의 소비자가격은 47만원.

엔에스 다크호스 쏘가리

캐스팅 기능에 개발 초점을 맞춘 계류 전용 낚싯대. '여울에서 포식하는 쏘가리와 꺽지를 대상으로 개발한 멀티플레이어'라는 게 개발
자의 설명. S-622EUL, S-652UL, S-672L 3종이 있다. S-622EUL이 미노우용이며 S-672L은 원거리 공략용이다. 소비자가격은
각 10만원.

제이에스컴퍼 쏘치 M1

다양한 낚시 상황에 맞춰 라인업을 개발했다. SM602L은 미노잉 전용 낚싯대이고 S642UL은 2m 수심 내의 여울에서 고루 쓸 수 있
는 범용대이며 S662L은 원거리 캐스팅용이다. 베이트릴을 활용해 가벼운 채비를 다룰 수 있는 BC632L이 있는 게 특징. 소비자가격
은 S602L 기준 15만9천원.

스피닝릴

다이와 프림스 LT 2500S XH

다이와 독자 방수 기술인 매그실드가 적용됐다. 부드럽고 가벼운 릴링감에 초점을 맞춰 개발했다. 가볍고 감도를 강화한 에어로터 시스템 등 고사양 모델에 들어가는 기술이 사용됐다. 소비자가격은 1만 6천8백엔.

바낙스 코티나

고강도 초경량 카본 재질을 적용하고 고강도 알루미늄 스풀을 사용해 경량화를 실현했다. 10베어링이 채용돼 릴링감이 부드러우며 트릭 베일을 장치해 라인 트러블을 줄였다. 6개 라인업 중 1500, 2000S가 쏘가리용으로 많이 쓰인다. 2000S의 소비자가격은 12만원.

은성 쇼어라인 800

오랜 기간 국산 릴을 생산해온 은성사가 쏘가리, 꺽지, 송어용으로 개발한 스피닝 릴. 역회전을 막아주는 제로 원웨이 클러치 베어링이 탑재되어 있고 V형 라인롤러를 사용해 줄 꼬임을 줄였다. 소비자가격은 7만4천원.

웨이더

제이에스컴퍼니 웨이딩부츠

웨이더에 신는 전용 신발이다. 이동할 때 하중이 많이 실리는 발끝과 뒷굽 부위를 볼드 처리하여 내구성을 강화했다. 크기는 240부터 300까지 7가지. 소비자가격은 9만5천원.

아쿠아즈 BR-200S

쏘가리낚시용 웨이더는 2~3시간 물속에서 활동해도 물이 세지 않는 내구성이 중요하다. 비용이 좀 들더라도 오래 쓸 수 있는 제품을 구입해야 이중 지출을 줄일 수 있다. 아쿠아즈 BR-200S는 가격 대비 성능이 뛰어난 제품으로 동호인 사이에 인기가 높다. 국산품으로 AS를 쉽게 받을 수 있다는 것도 장점. 일본 브레더블 원단을 사용했으며 반방수 지퍼를 사용한 가슴 포켓을 달아 편의성을 높였다. 소비자가격은 23만~24만원.

소품

버클리 슈퍼파이어라인
비거리를 늘리고 물의 저항을 최소화하는 데 초점을 맞춰 개발했다. 특수 열압착 가공으로 물과 공기를 가르는 기능을 강조했다. 150m 권사량으로 넉넉한 양도 장점. 소비자가격은 3만3천원.

다쏠라이징 다담아 가방2
옥스퍼드 원단으로 만든 실용성 높은 어깨걸이형 루어가방. 생수병 홀더가 있고 루어와 소품을 넣을 수 있는 수납공간이 다양하다. 색상은 블랙과 그레이 두 가지. 소비자가격은 1만3천9백원.

다이와 DF-6406
어깨가 자유로운 루어낚시용 구명조끼. 강에서 캐스팅을 자주 해야 하는 쏘가리 미노잉에 적합하다. 소품을 수납할 수 있는 공간이 많은 것도 장점. 소비자가격은 1만5천엔.

엔에스 기어 계류 뜰채
강과 계곡에서 두루 사용할 수 있는 계류 전용 뜰채다. 뜰채 프레임 소재는 나무이며 강력 자석을 붙여 탈부착이 쉽다. 크기는 길이가 500mm인 대(大)와 410mm인 소(小) 두 종이 있다. 소비자가격은 대 14만원, 소 13만원.

제이에스컴퍼니 스트림 베스트 메시
활동성이 강한 계류낚시에 맞춰 허리가 짧고 통풍이 잘되는 전용 낚시조끼다. 프리미엄, 팝, 펌프킨 세 가지 모델이 있다. 소비자가격은 프리미엄 22만원, 팝 12만원, 펌프킨 13만원.

프리미엄

제이에스컴퍼니 콤팩트 웨이딩 스태프
웨이딩에서 이동할 때 발걸음을 옮기는 바닥지형을 파악하는 등 지팡이 역할을 하는 웨이딩 스틱이다. 26cm 길이로 접혀 휴대하기 편하다. 소비자가격은 16만원.

미노우

엔에스 쏘베이트 저크베이트 70SF
계류 유명 낚시인이자 엔에스 프로스탭인 강한승 씨가 디자인한 쏘가리용 미노우. 몸체 중심에 자석을 이용한 유동추를 삽입해 캐스팅과 저킹 액션을 강화했다. 피라미, 버들치 등 강계에 서식하는 작은 물고기를 형상화한 10가지 모델이 있으며 서스펜딩부터 싱킹 타입까지 라인업이 다양한 것이 장점. 소비자가격은 각 7천8백원.

디아웃도어 자코 SP60S와 조카 SP 68S
자코 SP60S 서스펜딩 타입은 1.5m 잠영을 하며 활성도가 높을 때 사용한다. 조카 SP68S도 서스펜딩 타입이나 물이 잘잘 흐르는 얕은 여울에서 사용하기 알맞은 모델이다. 잠행수심은 50~60cm. 소비자가격은 7천~8천원.

자코 SP60S

조카 SP 68S

지그헤드리그

미노우는 수온이 오르는 초여름부터 가을까지 위력을 발휘하는 루어다.
하지만 수온이 떨어지는 초봄엔 미노우를 사용해 쏘가리를 낚기 어렵다.
수온에 민감한 쏘가리는 수온이 낮으면 활성도가 떨어져 미노우를 쫓을 만한 힘이 없기 때문이다.
그럴 때 사용하는 루어가 지그헤드리그다.

지그헤드리그란 지그헤드라 불리는 바늘에 웜을 꿴 채비를 말한다. 쏘가리낚시에선 주로 'C' 형태의 꼬리가 특징인 그럽을 꿴다. 미노우를 사용하기 전 낚시인들은 지그헤드리그를 사용해 쏘가리를 낚았다. 지그헤드리그는 매우 단순해 보이는 채비지만 제대로 사용하기 위해서는 오랜 낚시 경험과 함께 포인트를 읽을 수 있는 감각 등 루어를 다루는 기술이 필요하다. 그에 비해 미노우는 루어 자체의 움직임만으로 쏘가리를 유혹할 수 있다는 게 장점이지만 수온이 떨어지는 초봄과 늦가을엔 입질을 받기 쉽지 않다.

■ 장비와 루어

지그헤드리그는 미노우보다 가볍다. 가벼운 루어를 멀리 던지기 위해서는 쏘가리 미노잉 전용대보다는 파워가 약해야(낭창거려야) 한다. 울트라라이트 파워의 낚싯대를 쓰되 릴과 낚싯줄은 쏘가리 미노잉에서 사용하던 것을 그대로 쓴다. 지그헤드의 무게는 1/16~1/10온스. 2인치 그럽을 꿰어 쓴다.

■ 기본 운용술

강 한가운데로 가능한 멀리 던지고 바닥까지 가라앉힌 후 릴링을 하지 않고 낚싯대 끝을 이용해 가능한 한 여러 번 들었다 놓았다를 반복한다. 강물의 흐름에 의해 가벼운 지그헤드는 바닥 쪽으로 천천히 흐르게 되고, 그 흐름에 의해 팽팽한 낚싯줄엔 여윳줄이 생기게 된다. 핸들을 살짝 돌려서 여윳줄을 감아 들인 후 낚싯줄을 팽팽하게 만든 다음, 다시 낚싯대를 들었다 놓았다를 한 뒤 여윳줄을 감는 행동을 반복한다.

■ 테크닉

루어를 운용하는 방법을 따라할 수 있어도 포인트를 보는 눈은 쉽게 얻을 수 있는 것은 아니다. 초봄이라고 가정한다면 물색이 탁한지, 해가 잘 들어오는 곳인지 수심이 깊은지를 따져봐야 한다. 이런 곳에서 초봄에 쏘가리가 낚이기 때문이다. 그런데 그게 말이 쉽지 현장에선 판단이 서지 않는다. 결국 경험이 많은 선배 낚시인을 따라 다니며 낚시를 배워가며 하나씩 알아가야 한다.

웨이딩 주의사항

웨이딩 스틱을 들고 바닥을 더듬으며 포인트를 옮기고 있는 낚시인.

웨이더는 물속에서 낚시인이 물에 젖지 않고 낚시할 수 있도록 해주는 보조 장비다. 쏘가리 미노잉에서 웨이더는 필수장비가 됐다. 웨이더는 연안에서 낚시할 때보다 더 넓은 지역에서 낚시할 수 있다는 장점이 있긴 하지만 문제는 물속에서 넘어질 경우 상당히 위험하다는 것이다.

웨이더를 입고 넘어지면 웨이더 안으로 물이 들어오는데 그 경우 웨이더와 사람 몸 사이의 공기는 다리 쪽으로 밀리면서 확 부풀어 올라 발이 바닥에서 떠오르는 하체부상현상이 발생한다. 그러면 머리가 바닥으로 향하게 되어 물을 먹을 수밖에 없고 이런 상황에선 얕은 곳이라도 절대로 혼자 힘으로는 일어설 수 없다.

따라서 쏘가리 웨이딩에 나설 때는 둘 이상이 함께 출조해야 하

며 웨이더의 허리벨트는 단단히 조여야 한다. 허리벨트가 있는 웨이더는 허리 부분을 조일 수 있어 만약에 넘어질 경우 물이 허리 아래 부분까지 유입되는 시간을 늦춰준다. 넘어지더라도 하체부상현상이 발생하기 전 중심을 잡고 일어설 정도의 시간을 벌 수 있다. 따라서 허리벨트가 있는 웨이더를 구입해야 하며 물에 들어갈 때는 허리벨트를 꼭 조이도록 하자.

하지만 여울이 강하고 허리 이상의 수심에선 넘어질 경우 중심을 잡기 어렵고 머리를 부딪칠 경우 정신을 잃을 수도 있다. 가장 좋은 방법은 구명조끼를 착용하는 것이다.

웨이딩 스틱은 물속에서 발을 옮길 곳의 지형을 미리 알 수 있다는 점에서 장만하면 좋은 안전 장구다. 손잡이대에 부력이 있어 사용하지 않을 때 그냥 놓아두면 둥둥 뜨는 제품도 있다

꺽지낚시를 즐겨보자

흐르는 물, 계류(溪流)에서 꺽지만큼 잘 낚이는 물고기도 없다.
올여름 바캉스철에 가족과 강가를 찾았다면 꺽지낚시를 즐겨보자.

꺽지

꺽지는 쏘가리와 함께 우리나라를 대표하는 민물고기다. 우리나라에서 서식하는 특산종으로 쏘가리와 마찬가지로 육식성 어종이다. 15~20cm가 주로 낚이며 큰 녀석은 25cm가 넘기도 한다. 갈색 체색에 가로줄무늬가 나있으며 1~2급수의 맑은 물에서만 산다. 낚시 시즌은 5월부터 9월까지이며 우리나라 대부분의 하천에 서식하고 있다.

■ 장비와 루어

꺽지용 루어는 매우 가벼워서 6~6.6피트 길이의 계류용 울트라라이트 파워의 낚싯대가 적합하다. 송어용 루어낚싯대가 있으면 그것을 사용해도 된다. 원줄은 3~4lb 나일론라인이 감긴 소형 스피닝릴을 사용한다.

루어는 작은 곤충을 표현한 스피너나 1/16~1/8온스 지그헤드에 2인치 그럽을 꿴 지그헤드리그를 쓴다. 스피너는 전통적으로 꺽지낚시에 주로 사용하던 루어로서 앞쪽에 물의 저항을 받으면 빙글빙글 도는 블레이드가 달려 있어 꺽지를 유혹한다. 얕은 수심에선 스피너가 유리하고 깊은 수심에선 지그헤드리그가 스피너보다 빨리 가라앉아 바닥층을 탐색하기에 효과적이다.

■ 낚시 방법

꺽지는 돌 틈에 숨어 있다가 지나가는 작은 물고기나 흘러 다니는 유충류를 공격하고는 자기 자리로 돌아가는 특성이 있다. 낚시 방법 역시 꺽지가 있을만한 돌 틈이나 바위 옆으로 루어가 스쳐 지나가게 하는 것이다.

스피너는 물살에 수면으로 떠오르지 않도록 어느 정도 물속에 가라앉힌 뒤 감아 들여야 한다. 움직임이 끊어지지 않도록 일정한 속도로 감아 들이는 게 낚시 요령이다.

지그헤드리그는 바닥에 약간 띄운다는 느낌으로 릴링한다. 일단 바닥에 닿으면 대 끝으로 쳐올려 띄운 후 느리게 릴링한다.

스피너에
낚인 꺽지.

전국 쏘가리낚시터 10

전국의 쏘가리낚시터 10곳을 소개한다.
많이 알려진 포인트로서 쏘가리와 함께 꺽지도 낚인다.

홍천강 개야리유원지

홍천강 하류에 있다. 물 흐름이 좋으며 깊은 소와 여울이 곳곳에 있다. 개야리유원지 앞쪽의 연안에서 낚이는 씨알이 굵다. 군데군데 박혀 있는 큰 바위에서 쏘가리가 출몰한다.

인터넷지도 검색 주소 **강원도 홍천군 서면 개야리 154-9**

홍천강 위안터교

홍천강은 수도권에서 가기 가장 가까운 낚시터다. 물이 맑고 강이 길어서 들러볼 포인트가 많다. 그중 위안터교 일대는 홍천강 중류의 포인트 중 하나다. 다리에서 보면 많은 돌들이 박혀있는 것을 확인할 수 있으며 다리 아래에 여울이 시작되고 물 흐름도 좋다.

인터넷지도 검색 주소 **위안터교(강원도 홍천군 남면 남노일리)**

홍천강 모곡밤벌유원지

모곡밤벌유원지는 홍천강 최고의 피서지로 잘 알려져 있는 곳이다. 홍천강 줄기 중 여울이 가장 많이 형성되어 있는 구간으로서 큰 쏘가리가 종종 올라오곤 하지만 관광객이 많이 찾다 보니 입질이 까다로울 때가 많다.

인터넷지도 검색 주소 **강원도 홍천군 서면 모곡리 529-1**

영월 동강 고씨동굴여울

관광지로 잘 알려져 있는 고씨동굴 앞에 있는 포인트다. 고씨동굴 앞 다리 윗 구간에는 1개의 중형급 여울과 2개의 소형급 여울이 있으며 유속이 빠르고 수심 차도 큰 편이다. 물살이 너무 센 여울머리보다는 적당하게 유속을 유지하고 있는 중간 지점이나 여울꼬리를 공략하는 것이 유리하다.

인터넷지도 검색 주소 **강원도 영월군 김삿갓면 진별리 506-1**

남한강 단양 늪실여울

남한강 단양 지역의 1급 포인트는 읍내 앞의 고수대교 앞 여울이었으나 2018년 단양 수중보가 완공되면서 물에 잠겨 사라져 버렸다. 늪실여울은 강폭이 넓지 않고 여울이 길면서 수심이 적당해 미노잉을 하기에 좋다. 여울 가까이 접근해 여울이 시작되는 턱 지점을 찾아 미노우를 반복 캐스팅하다 보면 쏘가리와 꺽지가 함께 낚인다.

인터넷지도 검색 주소 **충북 단양군 가곡면 향산리 326-9**

금강 금산 방우리

충남 금산의 유명 관광지인 적벽강 상류에 있는 포인트로서 아름다운 풍광 속에서 쏘가리낚시를 즐길 수 있다. SUV 차량을 이

홍천강 모곡밤벌유원지

경호강 산청 내리교

영월 동강 고씨동굴여울

용하면 물가까지 진입할 수 있어 캠핑과 함께 낚시를 즐길 수 있다. 여울이 끝나는 지점부터 강폭이 넓어지는 지형을 이루고 있는데 여울 폭이 넓어지는 지점에 미노우를 캐스팅해서 흘려주는 식으로 낚시를 한다.

인터넷지도 검색 주소 **충남 금산군 부리면 방우리 242-1**

금강 무주 내도리

포인트 구간이 넓고 가을에 쏘가리가 자주 출현하는 곳이다. 여울의 물 흐름은 약한 편으로 얕은 수심부터 깊은 수심까지 고루 형성되어 있는 게 특징이다. 미노우를 상류 쪽으로 캐스팅한 뒤 흘려주는 것이 낚시 방법.

인터넷지도 검색 주소 **전북 무주군 무주읍 내도리 1417**

섬진강 순창 향가유원지

섬진강 줄기 중 최상류에 해당하는 지역이 순창이다. 유원지에 차를 세우고 강을 가로지르는 다리를 보고 내려가면 곧바로 포인트에 이를 수 있어 낚시하기 편하다. 다른 지역에 비해 시즌이 빨리 시작되며 산에 둘러싸여 있어 강풍에도 어려움 없이 낚시

할 수 있다는 게 장점. 쏘가리 외 배스, 강준치 등 다양한 어종이 낚인다.

인터넷지도 검색 주소 **전북 순창군 풍산면 대가리 1072**

섬진강 구례 간전여울

가을에 특히 좋은 조황을 보여주는 곳으로서 섬진강 마니아들이 출조할 때 한 번씩은 찾는 곳이다. 여름엔 여울 중간의 물골에서 주로 입질을 받지만 9월부터는 여울머리 쪽을 노려본다. 간전소와 붙어 있는 여울머리에 씨알 큰 녀석들이 낚인다.

인터넷지도 검색 주소 **전남 구례군 간전면 양천리 815-12**

경호강 산청 내리교

경호강에서 가장 유명한 포인트다. 항상 풍부한 수량을 유지하며 곳곳에 낚시할 여울들이 즐비하다. 크고 작은 암반에서 꺽지가 낚이며 같은 자리에서 쏘가리가 올라온다. 꺽지만을 노리고 바캉스낚시를 떠나도 좋은 곳.

인터넷지도 검색 주소 **내리교(경남 산청군 산청읍 옥산리)**

쏘가리 최대어 TOP 5

국내 쏘가리 최대어 1~5위를 살펴본다.
월간 낚시춘추의 한국낚시최대어상에 등록된 기록(2020년 현재)으로
매년 연간 최대어상도 시상하므로 50cm 이상 큰 쏘가리를 낚았다면 도전해보시길.

1위 **67cm**

백종진 / 북한강 신청평대교 밑
2010.4.16 / 지그헤드리그

백종진씨가 낚은 67cm 쏘가리는 낚시계에 큰 화제가 됐다. 이에 대해 이완옥 어류학 박사는 "우리나라 고유 토착어종인 쏘가리의 성장한계선을 재확인한 사건이다. 쏘가리는 초기에 빨리 자라다가 산란이 시작되면 성장이 둔화되는데 67cm 쏘가리는 정상적인 크기라기보다는 특별한 경우로 보인다"고 말했다.

2위 **65cm**

최두영 / 철원 한탄강 송대소
2015.8.4 / 2인치 금색 그럽 + 1 / 4온스 지그헤드

"통통통 바닥에 닿았다가 웜이 떠오르는 순간 텅하는 어신이 전해졌다. 약 2초가량 가만히 기다리던 그때 온몸에 전해지는 묵직한 느낌과 함께 사정없이 드랙이 풀려나갔다. 얼마나 힘이 좋던지 나의 몸이 녀석에게 끌려가는 듯했다. 내가 녀석한테 낚인 것일까?"
–최두영 씨의 조행기 中

3위 **64.8cm**

신재천 / 북한강 춘천 오월교
2011.6.18 / 3인치 붉은 색 그럽 + 1 / 4온스 지그헤드

"챔질하자마자 나는 연안 쪽으로 뒷걸음질쳤고 드랙을 조일 겨를도 없이 릴 스풀을 움켜잡고 파이팅을 시작했다. 저항이 대단해 이마엔 땀이 흘렀고 깊은 곳으로 내달리는 녀석과 나는 몇 분 정도 격렬하게 몸싸움을 벌였다. 겨우겨우 5~6m 앞까지 끌어낸 놈은 '다됐다'고 방심하는 순간 괴력을 쓰며 다시 차고 나갔는데, 지금 생각해도 그 순간은 정말 아찔했다."
–신재천 씨의 조행기 中

4위 **64.3cm**

신재천 / 남한강 양평대교 여울
2012.10.3 / 지그헤드리그

신재천 씨는 2011년에 역대 3위 기록어인 64.8cm를 낚은 데 이어 그 다음해에 64.3cm를 낚아 쏘가리 최대어 기록 3위, 4위를 보유한 낚시인이 됐다.

5위 **64.1cm**

김성우 / 북한강 신청평대교 밑
2014.7.8 / 붉은색 그럽+1 / 4온스 지그헤드

"좀처럼 걸린 놈이 모습을 보이지 않는 상황이라 긴장감은 더욱 심해졌다. 약간 먼발치에서 물고기가 수면에서 크게 몸을 뒤척였는데, 선명한 얼룩무늬가 보였다. 쏘가리다!"
–김성우 씨 조행기 中

쏘가리 외 강 물고기

우리가 쏘가리낚시를 하다 보면 쏘가리 외에도 다른 물고기가 함께 낚인다.
산천어는 최상류인 계곡에서 낚이고 끄리는 상류에서 서식한다. 메기는 강 하류에서 낚이는 일이 많다.

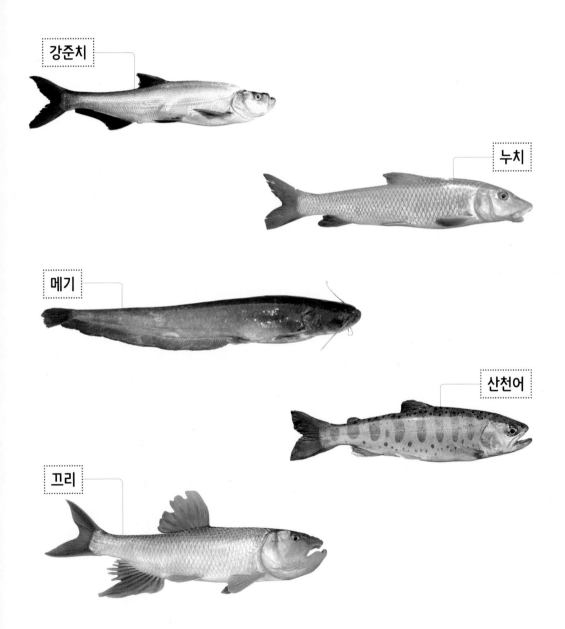

강준치

누치

메기

산천어

끄리

알아두면 유용한 사이트·동영상

한국루어

가장 오랜 역사를 자랑하는 쏘가리낚시클럽 한국루어의 온라인 카페다. 카페 주인인 임영학 총무는 현재도 서울 서대문구에서 낚시점 겸 출조 사무실을 운영하고 있다. 한국루어에서 생산·판매하고 있는 '한국루어 스푼'은 동호인들이 한두 개씩은 소장하고 있는 스테디셀러다.

팀쏘가리

닉네임 네버마인 이찬복 씨가 매니저로 활동하며 운영하고 있는 쏘가리낚시 네이버카페. 1998년 이찬복 씨가 낚시 스승인 이종환 씨와 쏘가리낚시 질의응답 게시판을 운영한 것이 카페로 발전하게 됐다. 현재는 전국 최대 규모의 동호회로 성장했다. 쏘가리낚시 기법, 장비, 루어 등 다양한 정보를 얻을 수 있으며 쏘가리 캐치앤릴리스 등 어자원 보호를 위한 활동도 펼치고 있다.

한국쏘가리루어클럽

2004년 남한강이 흐르는 충북 단양을 중심으로 활동한 동호인들이 만든 모임으로 현재는 전국의 동호인들이 활동하고 있다. 많은 쏘가리낚시대회에서 단체전에 입상하며 동호회 이름을 알렸다. 남한강 단양·영월 지역, 금강 옥천·무주 지역 등 중부 지역 낚시터 정보들이 많이 올라와 있다.

섬진강쏘가리루어

섬진강을 중심으로 낚시를 다니는 동호인들이 활동하고 있다. 낚시터 쓰레기 청소 등 낚시터 환경 보호활동도 꾸준히 펼치고 있는 동호회. 섬진강의 쏘가리낚시 정보를 얻고 싶다면 이곳으로.

국가수자원관리종합정보시스템

북한강, 남한강, 금강, 낙동강, 섬진강 등 우리나라 주요 강과 하천의 수위를 실시간으로 확인할 수 있는 사이트다.

쏘튜브

낚시방송 '바다로간쏘가리' 진행자이자 네이버카페 팀쏘가리 운영자인 이찬복 씨가 유튜브에 개설한 쏘가리낚시 채널. 쏘가리낚시와 관련해 가장 많은 수의 영상을 올리고 있으며 레퍼토리도 다양하다. 지면상으로 이해하기 어려운 내용이 있다면 여기서 검색해서 비교하며 배워보기를.

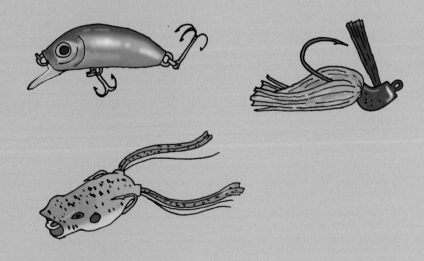

3

배스
루어낚시

루어 3대장을 배워
배스낚시대회에 참가하라

가장 많은 사람들이 즐기는 루어낚시 대상어

배스는 우리나라 루어낚시인들이 가장 많이 즐기고 있는 대상어다. 배스가 루어낚시 대상어로 각광받는 이유는 여러 가지가 있다. 우리 주변에서 쉽게 만날 수 있는 물고기라는 대중성, 공격적인 습성에서 비롯된 낚시 자체가 갖고 있는 역동성, 지칠 줄 모르는 힘을 통해 전달되는 파워 넘치는 손맛 등이다. 배스낚시에서 사용하고 있는 루어와 낚시 기법은 다른 루어낚시 장르에서도 그대로 활용되고 있다. 배스낚시는 루어낚시의 기본으로 통한다.

국내 서식종은 노던라지마우스배스

배스는 전 세계에 퍼져 있는 물고기로서 종류가 많다. 그중 우리나라 강과 호수에서 살고 있는 종은 노던라지마우스배스로서 직역하면 '북쪽에 사는 입이 큰 배스'라 할 수 있다. 라지마우스라고 불리는 배스로는 미국 남쪽의 플로리다 지역이 원산지인 플로리다라지마우스배스가 있다. 노던라지마우스배스는 플로리다 지역 북쪽에 서식하고 있다. 우리나라에 서식하고 있는 배스는 노던라지마우스배스 1종뿐이다.

1973년 미국에서 도입

우리나라에는 정부가 국민의 먹거리 공급을 목적으로 1973년 미국 루이지내아주에서 치어 500마리가 도입된 것이 시초다. 국립수산진흥원 내수면연구소(현 중앙내수면연구소)가 치어를 받아 키웠고 4천마리의 치어를 생산해 팔당호와 인근 조종천에 방류한 것이 홍수 등 여러 가지 이유로 남한강을 거쳐 전국의 자연 수계로 퍼져 나갔다.

세계의 낚시인이 즐긴다

배스의 원산지는 북아메리카의 남동부로서 미국 전역으로 퍼진 뒤 전 세계로 이식되어 확산되었다. 멕시코 등의 남미를 비롯해 유럽, 아프리카, 아시아, 호주 등 오대륙에 걸쳐 분포하고 있으며 지금도 세계 각국으로 분포지가 확산되고 있다. 분포해있는 배스의 종은 조금씩 다르지만 낚시 방법은 비슷하기 때문에 배스는 전 세계 낚시인이 가장 많이 즐기는 대상어라고 할 수 있다. 이런 이유로 각국의 낚시인들이 모여 기량을 겨루는 낚시대회도 자주 열리고 있다.

어디서든 잘 산다

배스는 어느 곳에서든 잘 적응하는 물고기다. 수질이 안 좋은 물에서도 잘 자란다. 따뜻한 물에서 잘 크는 온수성 어종으로서 적정 수온은 19~27도. 이 수온대에서 가장 왕성한 먹이활동을 벌인다. 얼음이 얼 정도의 찬 수온에서도 먹이활동을 이어가지만 왕성하진 못하다.

40cm 이상 자라려면 최소 5년

60cm 이상의 배스는 일생에 한 번 보기도 어려운 큰 배스다. 배스는 1년 이상 자라면 소형 어류를 잡아먹기 시작하는데 이때부터 급격하게 성장한다. 2년이 지나면 20cm 이상 자라고 3년이 넘으면 30cm 이상 자란다. 40cm 이상 자라려면 최소 5년은 넘어야 한다. 배스가 어느 정도까지 더 클 수 있느냐는 먹이여건과 유전요소에 의해 달라진다. 50cm 이상의 배스를 빅배스, 또는 런커라고 부른다.

전문가 어드바이스
이완옥 어류학 박사

"한국 배스는 새우를 가장 좋아해요"

알에서 부화한 배스는 수컷의 보호를 받으며 동물성 플랑크톤을 먹습니다. 2~3cm에 도달하면 단독 생활을 시작하는데 5cm에 이르면 작은 어류를 먹는 어식성(魚食性)으로 바뀝니다. 배스는 작은 물고기를 즐겨 먹는 것으로 알려져 있지만 우리나라에서 직접 조사한 결과로는 갑각류인 새우를 더 좋아하는 것으로 확인되었고 그 다음이 어류였습니다. 새우와 소형 어류가 감소하면 수서곤충, 육상곤충, 개구리 등의 양서류와 파충류, 조류, 포유류까지 먹는 것으로 확인되었습니다.

초록물고기

배스는 큰 입과 짙푸른 체색, 몸통 옆의 선명한 검은 점 등이 특징이다. 언뜻 봐서는 농어와도 닮아서 우리나라에서 이 고기가 알려질 무렵, 배스를 처음 본 사람들은 민물농어라고 부르기도 했다. 낚시인들은 초록색의 배스를 초록물고기란 애칭으로 부르고 있다.

촉각으로 먹을지 말지 결정

배스는 주둥이의 촉각으로 먹잇감을 구분한다. 배스에게도 주둥이 주변에 미뢰(味蕾)라고 하는 미각세포가 있긴 하지만 맛을 구분하는 데 큰 도움이 되지는 않는다. 부드러운가? 딱딱한가? 삼키기 좋은가? 못 먹을 것인가? 등등의 촉각 정보를 통해 삼킬 것인지 뱉을 것인지를 결정한다. 먹이를 먹을 때는 강력한 흡입력으로 물과 함께 빨아들인다.

강한 빛을 싫어해

배스는 물속에서도 물체를 비교적 뚜렷하게 구분할 수 있다. 볼록렌즈처럼 눈동자가 밖으로 돌출되어 있어 사람보다 넓은 각도의 시야를 갖고 있다. 다만 눈으로 들어오는 빛을 조절하는 기능이 없어 강한 빛을 싫어한다. 한낮에는 물속에 투과되는 햇살을 피해 그늘진 곳을 찾는다. 배스가 색깔을 구분할 수 있다는 것은 여러 실험을 통해 증명된 사실이다. 빨강, 주황, 노랑, 초록 정도는 구분할 줄 아는 것으로 확인되고 있다.

소리를 듣고 진동으로 움직임 파악

사람은 귀를 통해 소리의 파장을 듣지만 물고기는 귀 대신 뇌 뒤쪽의 내이(內耳)와 몸통 측면의 점선 같이 생긴 측선으로 소리의 파장을 느낀다. 물고기인 배스 역시 내이와 측선으로 물속으로 전달되는 파장을 감지한다. 물고기의 내이와 측선은 육상동물의 감각보다 훨씬 발달해 있어서 연안에서 발생하는 사람의 발자국 소리 정도는 금세 알아챈다.

베이트릴을 마스터하라

베이트릴은 베이트캐스팅릴의 줄인 말이다. 베이트릴은 연날리기의 얼레를 떠올리면 이해하기 쉬울 것이다. 핸들을 돌리면 낚싯줄이 감긴 스풀이 회전한다. 스풀의 회전 방향과 낚싯줄의 방출 방향이 각을 이루는 스피닝릴과는 차이가 있다.

베이트릴과 같은 구조의 릴을 양축(兩軸)릴이라고 부른다. 현대식 베이트릴이란 핸들과 연결된 기어들이 맞물려 스풀을 돌리는 구조다. 여기에 스풀의 회전을 제어하는 기능과 낚싯줄을 감는 힘을 조정하는 기능이 추가되어 있으며 전자식 센서까지 삽입되는 등 낚시용품 제조 기술력이 집약되어 있다.

우리가 배우려고 하는 배스낚시에서 베이트릴은 필수 장비다. 스피닝릴을 사용해야 할 때도 있지만 열 중 여덟은 베이트릴을 쓴다고 할 정도다.

베이트릴 부위별 명칭과 기능

1 레벨와인더
스풀 앞쪽에 있으며 작은 구멍이 뚫려 있다. 스풀에 감긴 낚싯줄은 이 구멍을 통해 나가 가이드를 거쳐 루어와 연결된다. 핸들을 돌리면 레벨와인더가 좌우로 움직여서 낚싯줄이 스풀 어느 한쪽에 쏠리지 않고 고루 감기게 한다.

2 핸들노브
낚싯줄을 감을 때 손으로 쥐는 곳. 고무 또는 코르크 등의 소재로 만들었다.

3 메커니컬 브레이크
핸들이 달려 있는 몸체 쪽에 붙어 있는 나사형 손잡이. 스풀 회전을 조절할 수 있다. 조일수록 스풀이 빡빡하게 돌아가고 풀수록 느슨하게 돌아간다. 세부 조정 과정은 캐스팅 편에서 설명.

4 스풀
낚싯줄이 감기는 곳.

5 릴다리
낚싯대 릴시트에 끼우는 부위.

6 클러치레버
스피닝릴의 픽업베일 기능을 담당한다. 누르면 스풀이 자유롭게 회전한다. 캐스팅할 때는 이곳을 눌러야 채비를 날릴 수 있다. 핸들을 돌리면 다시 원위치로 돌아가 스풀이 회전하지 않는다.

7 스타드랙
별 모양처럼 생겼다. 물고기를 걸었을 때 어느 정도의 힘으로 버텨줄 지 조절할 수 있다. 자동차를 예로 든다면 브레이크를 꽉 밟을 것인지 느슨하게 밟을 것인지를 정하는 것이다. 처음엔 꽉 조인 상태에서 사용한다. 낚시를 하면서 조임 정도를 조절한다. 어느 정도의 조임이 좋은가는 낚시를 하면서 적정한 정도를 찾아야 한다. 세부 조정 과정은 캐스팅 편에서 설명.

8 원심력 브레이크·마그네틱 브레이크
캐스팅 후 스풀의 회전, 즉 낚싯줄이 풀려나가는 속도를 자동으로 조절해주는 장치. 낚싯줄이 감겨 있는 스풀은 자체 무게가 있기 때문에 루어가 목표 지점에 떨어져도 관성에 의해 계속 빠르게 돌아 낚싯줄이 엉키는 백래시가 발생한다.

원심력 브레이크와 마그네틱 브레이크는 캐스팅 후 관성으로 돌아가는 스풀을 제어해 백래시를 줄여주는 기능을 한다. 하지만 완벽한 제어는 불가능하고 낚시인의 적절한 조작 능력이 필요하다.

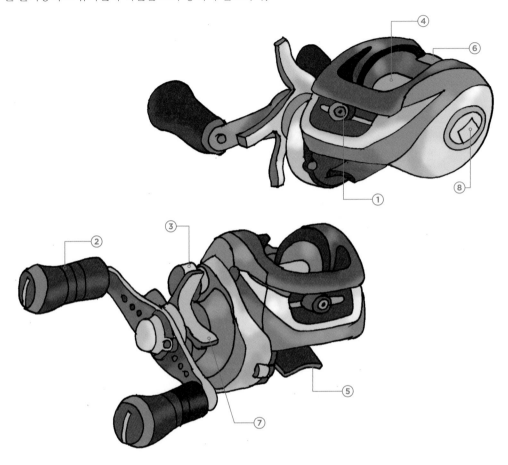

중급 이상의 베이트릴을 사야 하는 이유

원심력 브레이크는 스풀이 회전할 때 생기는 마찰 저항으로 제동을 거는 구조로서 저속 회전에선 브레이크 기능이 잘 걸리지 않으므로 가까운 곳에 던지거나 어느 한 곳을 정확히 노릴 때 유리합니다. 이와 비교해 마그네틱 브레이크는 스풀 옆에 자석을 배치해 자석의 힘으로 스풀에 제동을 거는 구조입니다. 고속 회전에서는 제동이 잘 걸리지 않아 원거리 투척할 때 유리하지만 원심력 브레이크보다 백래시가 더 많이 발생하는 게 단점입니다. 그밖에 고가 제품의 경우 IC회로를 탑재해 자동으로 스풀의 회전 속도를 제어하는 디지털 콘트롤 기능 등이 탑재되어 있는 제품도 있습니다.

각각의 브레이크 방식마다 장단점이 있긴 하지만 그 때문에 캐스팅 거리가 늘어난다거나 백래시가 나지 않는 것은 아닙니다. 백래시를 줄이려면 브레이크 성능이 보증되는, 어느 정도 품질 평가가 나 있는 제품을 선택하는 것이 좋습니다. 이럴 경우 가격이 기준이 됩니다. 저가는 피하고 중급 이상의 제품을 구하는 게 선택의 기준입니다.

1/4온스 이하는 스피닝릴, 1/4온스 이상은 베이트릴

스피닝릴을 두고 베이트릴을 쓰는 이유는 쏘가리낚시에서 쓰지 않는 무거운 루어를 사용하기 때문이다. 또 쏘가리낚시에 비해 낚시 환경이 다양한 배스낚시에서 입걸림과 동시에 빨리 끌어내야 하는 상황도 발생한다. 이러한 상황에선 스피닝릴보다 힘이 좋은 베이트릴이 적합하다.

베이트릴이 스피닝릴보다 힘이 좋은 이유는 핸들과 스풀이 기어를 통해 수평으로 맞물려 있기 때문이다. 핸들을 돌리는 대로 기어를 통해 힘이 직접 전달된다. 이와 비교해 스피닝릴은 구조상 기어와 맞물린 로터 회전 방향과 낚싯줄 방출 방향이 직각을 이룬다. 베이트릴과 같은 힘을 내려면 스풀과 기어가 더 큰 스피닝릴을 사용하면 되겠지만 그렇게 하면 무거워서 사용하기 불편하다.

대신 스피닝릴은 스풀이 회전하지 않고 낚싯줄을 방출하기 때문에 낚싯대의 탄력만으로 가벼운 루어를 쉽게 던질 수 있다. 보통 1/4온스, 약 7g 이하의 루어는 스피닝릴을 쓰고 그 이상은 베이트릴을 쓴다.

베이트릴의 기어 구조

스피닝릴의 기어 구조

헉! 나무를 감지 않도록 빨리 끌어내야 해!

기어비에 대한 이해
6.1:1은 핸들 1회전 당 스풀 6.1회전이란 뜻

기어비란 핸들을 한 번 돌렸을 때 스풀(스피닝릴은 로터)의 회전수를 말한다. 가령 기어비 6.1:1은 핸들 1회전당 스풀(로터)이 6.1회전을 한다는 뜻이다. 시중에 판매되고 있는 베이트릴은 보통 6점대의 스풀 회전수를 기준으로 5점대와 7점대가 있다. 5점대 기어비를 저기어비, 7점대 기어비를 고기어비라고 부른다. 저기어비는 감는 속도는 느리지만 힘이 좋으며 7점대는 빠르게 감을 수 있지만 힘이 떨어진다. 6점대를 가장 많이 쓴다. 물론, 처음 구입하는 베이트릴의 기어비 역시 6점대를 고른다. 기어비는 제품 포장지나 릴 본체에 표기되어 있다.

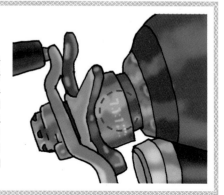

베이트릴에 낚싯줄 감기

베이트릴에 낚싯줄을 감을 때는 낚싯대에 릴을 세팅한 뒤 감으면 편하다. 2절로 분리된 낚싯대라면 손잡이대만 사용한다. 낚싯줄 끝을 낚싯대 맨 앞에 있는 가이드부터 차례로 넣어 베이트릴의 레벨와인더 구멍에 통과시킨 뒤 스풀에 묶고 핸들을 돌려 감으면 된다. 스풀에 구멍이 나 있으면 구멍을 통과해서 묶어도 상관없다. 스풀을 따로 분리할 수 있으면 떼어서 같은 방식으로 연결한 뒤 릴 본체에 다시 넣고 조립 후 감아도 좋다. 스풀 묶는 방법은 쏘가리낚시 편 39페이지 참조.

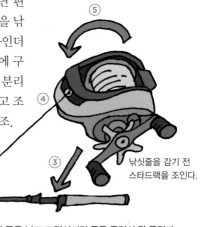

낚싯줄을 감기 전
스타드랙을 조인다.

1 낚싯줄. 케이스 가운데 구멍에 연필 등을 넣고 고정시키면 돌돌 돌면서 잘 풀린다.
2 낚싯줄을 맨 앞쪽 가이드부터 넣어 순서대로 빼낸다.
3 베이트릴을 낚싯대에 끼워 조립한다.
4 레벨와인더 구멍에 낚싯줄을 넣고 스풀에 묶는다.
5 핸들을 돌려 낚싯줄을 감는다.
6 수건 같은 천으로 눌러서 발로 지긋이 밟아주면 팽팽하게 감긴다.

스타드랙 조이고 팽팽하게

낚싯줄을 감기 전에 스타드랙은 조인다. 스타드랙을 푼 상태에서 감으면 스풀이 헛돌면서 잘 감기지 않는다. 수건 같은 천으로 낚싯줄을 적당한 힘으로 잡고 감으면 팽팽하게 스풀에 감긴다. 낚싯줄에 감는 양은 스풀 깊이의 90%면 적당하다.

좌핸들 베이트릴(좌)과
우핸들 베이트릴

베이트릴 핸들의 선택
오른손잡이면 좌핸들로 시작

베이트릴은 핸들의 위치에 따라 우핸들과 좌핸들로 나뉜다. 낚시인이 오른손잡이라면 왼손으로 핸들을 돌리는 좌핸들 릴을 쓰면 된다. 90년대 중반만 해도 베이트릴은 우핸들 제품만 생산됐다. 그때는 베이트릴로 활용하는 기법 대부분이 무겁고 물의 저항이 많은 루어를 쏘고 감는 낚시 중심이었다. 감는 데 힘이 많이 들기 때문에 오른손으로 핸들을 돌리는 게 유리했다.
하지만 90년대 말부터 일본을 중심으로 웜리그 중심의 낚시가 유행을 하면서 좌핸들 제품이 생산되기 시작했다. 웜리그는 호핑, 드래깅 등 낚싯대를 조작하는 데 중점을 둔 채비로 오른손으로 낚싯대를 다루는 게 더 유리하다. 배스낚시를 시작할 때는 웜리그를 많이 쓰므로 오른손잡이의 경우 좌핸들로 시작하는 게 적합하다.

장비 2
한 대만 선택한다면 미디엄헤비 베이트

기본적으로 갖추고 있어야 할 낚싯대는 미디엄라이트, 미디엄, 미디엄헤비, 헤비 4대다. 미디엄라이트, 미디엄, 미디엄헤비, 헤비 순으로 무거운 루어를 쓸 수 있다. 배스낚시는 루어의 낚시다. 어떤 루어를 쓰느냐에 따라 장비와 테크닉이 달라진다.

한 대만 먼저 선택한다면 미디엄헤비 파워베이트 낚싯대를 구입한다. 미디엄헤비 파워는 1/4~3/4온스, 즉 7~21g 무게의 루어를 사용할 수 있다. 이 정도 무게의 루어엔 낚시인들이 가장 많이 사용하고 있는 프리리그를 비롯해 텍사스리그, 스피너베이트, 채터베이트 등이 있다. 비교적 무겁고 물의 저항이 있는 루어들이다. 루어에 대한 세세한 설명은 92, 124페이지를 참고하기 바란다.

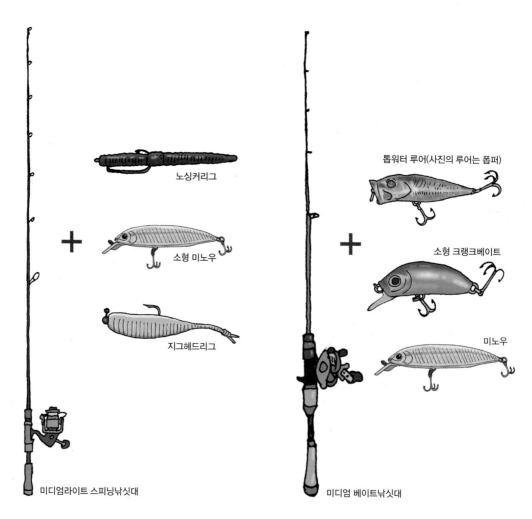

노싱커리그

톱워터 루어(사진의 루어는 폽퍼)

소형 미노우

소형 크랭크베이트

지그헤드리그

미노우

미디엄라이트 스피닝낚싯대

미디엄 베이트낚싯대

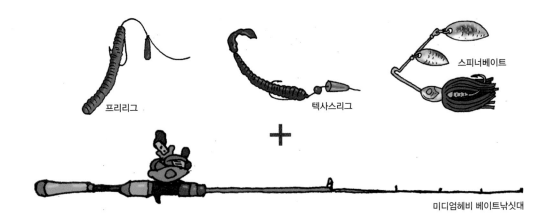

프리리그　　　　　　텍사스리그　　　　스피너베이트

미디엄헤비 베이트낚싯대

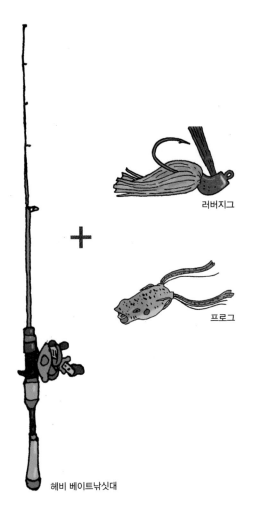

러버지그

프로그

헤비 베이트낚싯대

미디엄라이트 스피닝,
미디엄과 헤비 베이트 순으로 추가

미디엄헤비 낚싯대 다음으로 많이 쓰는 낚싯대는 미디엄라이트 낚싯대다. 쏘가리낚시에서 쓰는 미디엄라이트 낚싯대보다 허리가 강하고 길이도 길다. 보통 1/4온스 이하, 7g 이하의 가벼운 루어인 노싱커리그, 지그헤드리그, 카이젤리그, 스몰 러버지그, 소형 미노우 등을 쓴다. 베이트 또는 스피닝 모두 상관없으나 다루기 쉬운 스피닝낚싯대를 추천한다.

미디엄 파워 낚싯대는 톱워터 루어, 쏘가리용보다 큰 60~90mm 크기의 미노우, 소형 크랭크베이트를 다루기 적합하다.

헤비 파워 낚싯대는 무거운 루어를 사용하는 낚싯대다. 러버지그, 무거운 싱커를 사용하는 헤비 텍사스리그, 프로그 등을 사용한다.

루어에 대한 세세한 설명은 124페이지를 참고하기 바란다.

캐스팅
백래시를 줄이는 게 테크닉

베이트캐스팅이란 베이트릴이 달린 베이트낚
싯대로 루어를 던지는 것을 말한다. 베이트릴을
사용해 루어를 던지려면 많은 연습이 필요하다.
캐스팅을 하다 보면 줄엉킴 현상, 즉 '백래시'가
여러분을 괴롭힐 것이다. 하지만 백래시를 완벽
히 없애는 방법이란 없다. 백래시를 최소한으로
줄이면서 원하는 곳에 정확히 루어를 던질 수
있도록 노력해야 한다. 따라서 캐스팅 연습을
할 때는 백래시가 적게 나올 수 있도록 릴을 조
작한 상태에서 한다.

원심력 브레이크 조절
원심력 브레이크의 경우 모두 온(ON) 상태로
놓는다. 핸들 반대편 몸체에 있는 덮개를 열면
원심력 브레이크가 보인다. 그림처럼 보통 유색
커버가 5~6개 달려 있다. 이 커버를 옆으로 또
는 바깥쪽으로 당기면 온 상태가 되면서 스풀이
회전될 때 제동을 걸어준다. 5개를 모두 온 상
태에 놓으면 제동력이 최대가 된다. 5개를 모두
온 상태에서 놓고 캐스팅을 시작한다. 비거리는
당연히 적게 나온다. 캐스팅이 익숙해지면 한두
개씩 온 상태를 줄여간다.

마그네틱 브레이크 조절
다이얼식으로 되어 있는 마그네틱 브레이크는
숫자가 높은 쪽으로 돌릴수록 또는 + 쪽으로 돌
릴수록 스풀에 제동이 걸린다. 다이얼을 돌려
제동이 최대치 걸리게 해놓고 익숙해지면 한두
단계씩 풀어준다. 원심력 브레이크와 달리 덮개
없이 몸체 옆에 달려 있다.

숫자가 높을수록 제동력이 커진다.

연습용으로 알맞은 루어는?
연습용으로 쓸 루어는 어느 정도
무게가 나가고 형태는 단순한 게
좋다. 미디엄헤비 낚싯대로 캐스
팅 연습을 한다면 3/8온스 웨이
트훅을 꿴 5인치 섀드웜을 추천
한다. 웨이트훅이란 무게가 나가
도록 바늘 일부분에 봉돌을 삽입
한 제품이다.

메커니컬 브레이크 조절

스풀의 회전속도를 조절하는 과정. 너무 풀면 백래시가 잘 나오고 너무 조이면 스풀이 빽빽해서 루어가 잘 날아가지 않는다. 낚싯대를 수평으로 놓은 상태에서 클러치 레버를 눌렀을 때 루어가 내려가지 않고 툭툭 쳐야 내려가는 정도면 적당하며 이 역시 캐스팅이 익숙해지면 조금씩 풀어준다.

풀어준다   조인다

톱가이드와 루어의 간격

캐스팅 전 낚싯대 끝 톱가이드부터 루어와의 거리는 보통 30cm를 기준으로 한다. 무게가 가벼운 웜리그는 낚싯대의 반발력을 이용해 던지기 위해 더 벌려주고 스피너베이트 같은 무거운 루어는 루어의 무게를 이용해 던지기 위해 조금 더 좁혀준다. 3/8온스 무게라면 30cm가 적당하다.

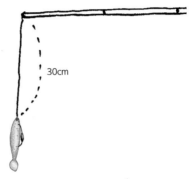

30cm

기본 자세

어깨 넓이 정도로 발을 벌리고 왼발(오른손잡이의 경우)을 조금 앞으로 내민다. 왼발에 체중을 더 싣고 뒷다리는 약간 구부린다. 시선은 하늘에 날아가는 새를 맞춘다는 생각으로 45도 각도로 던진다. 이때 루어는 포물선을 그리게 되는데 캐스팅 거리가 짧아질 수 있지만 백래시가 덜 나고 차츰 익숙해지면 직선을 그리게 된다.

왼발을 조금
앞으로 내민다.

발과 발 사이는 어깨 넓이만큼

캐스팅 전 자세

낚싯대를 쥔 오른손은 지지대 역할만 하고 손잡이대를 받쳐 든 왼손을 사용해 낚싯대의 반발력으로 루어를 던진다. 낚싯대를 든 오른손은 거들기만 한다는 느낌이 중요하다. 오른손으로만 던지려 하면 어깨에 힘이 들어가게 되고 쉽게 피로해진다.

시선은 45도

왼손은 손잡이대를 받쳐 든다.

오버헤드캐스팅

루어가 머리 위에서 날아가게 하는 캐스팅 방법으로 가장 많이 사용한다. 먼 거리든 가까운 거리든 작은 동작으로도 루어를 원하는 위치에 넣을 수 있으며 배우기도 쉽다 .

1 릴의 클러치 레버를 누른 상태에서 스풀이 돌아가지 않도록 엄지도 살짝 눌러준다. 낚싯대를 잡은 오른팔을 옆구리에 붙이고 반대편 손은 손잡이대의 밑 부분을 받쳐준다. 이때 스풀 쪽이 얼굴로 향하게 하여 뒤로 젖히기 시작한다.

2 낚싯대를 뒤로 젖혔다가 루어의 무게를 느끼며 밀면서 휘두른다.

낚싯대를 쥐는 손의 모양

손잡이대에는 손가락을 걸칠 수 있는 방아쇠 모양의 트리거가 있다. 여기에 손가락을 끼운다. 중지와 약지 사이에 끼우는 게 일반적이지만 손잡이대가 짧거나 액션을 빠르게 해야 하는 상황에선 검지와 중지 사이에 트리거를 끼운다.

손잡이대가 짧거나 액션을 빠르게 할 때는 검지와 중지 사이에 트리거를!

트리거

12시

엄지를 뗀다

3 12시 방향에서 스풀을 잡고 있는 엄지를 떼면서 스풀을 놓아준다. 너무 늦게 엄지를 떼면 루어가 수면에 직선으로 날아가 꽂힌다.

4 12시를 지난 로드는 수평 정도까지 자연스럽게 내려가도록 한다. 이때 팔의 자세는 처음 캐스팅 동작 때처럼 구부린 상태를 유지한다. 팔을 펴게 되면 동작이 흐트러지게 되고 힘이 들어가 캐스팅이 정확해지기 어렵다.

백래시를 줄이는 방법, 서밍

캐스팅할 때 루어가 착수하기 전 낚싯줄이 불필요하게 풀려나가지 않도록 엄지로 스풀을 지그시 눌러주는 동작을 말한다. 서밍을 하지 않으면 스풀이 계속 돌아 백래시가 발생한다. 하지만 원심력 또는 마그네틱 브레이크를 모두 최대치로 작동시킨 상태에서 캐스팅을 했다면 서밍을 하지 않고 그냥 놓아 두어도 스풀에서 약간 낚싯줄만 부풀어 오를 뿐 심한 백래시는 발생하지 않는다. 처음부터 서밍을 의식해 라인에 손을 대면 오히려 심한 백래시가 발생한다. 적절

한 서밍은 백래시를 줄여주고 또 캐스팅 거리를 늘이는 중요한 테크닉이다. 캐스팅이 몸에 익으면 브레이크를 열어주면서 서밍 연습을 해도 늦지 않다.

엄지로 스풀을 지그시 눌러준다.

사이드캐스팅

루어가 허리 양 옆으로 지나가게 수평 상태로 던지는 방법이다. 스피너베이트나 러버지그처럼 무거운 루어를 던지거나 바람이 강하게 불 때 사용하는 방법이다.

3시 각도

1 낚싯대를 수평으로 잡는다. 이때 낚싯대 톱가이드와 루어의 간격은 오버헤드캐스팅 때보다 10cm 정도 짧게 하고 릴의 핸들이 옆으로 향하게 한다.

2 수평인 3시 각도로 휘두른다. 루어가 날아가는 방향으로 둥근 원을 그리듯이 던진다.

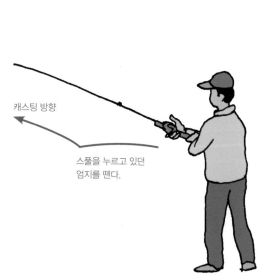

캐스팅 방향

스풀을 누르고 있던 엄지를 뗀다.

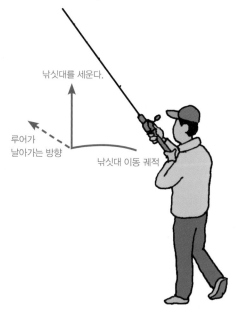

낚싯대를 세운다.

루어가 날아가는 방향

낚싯대 이동 궤적

3 캐스팅 방향에 낚싯대가 지날 때 스풀을 누르고 있던 엄지를 뗀다.

4 손목의 힘을 이용해 루어의 무게를 실어서 민다는 느낌으로 던지면서 낚싯대를 세운다.

큰 배스는 낚시인 쪽으로 머리 돌렸을 때 릴링

물고기를 끌어내는 것을 랜딩이라고 한다. 버티고 달래서 힘을 빠진 녀석을 연안으로 끌어내 항복시 킨다고 이해하면 되겠다. 입질을 파악하고 챔질을 하면 배스는 저항하기 시작한다. 낚싯대를 세우고 일단 버텨야 하는데 이때 낚싯대에 전달되는 힘을 통해 강제로 끌어낼 것인지 아니면 줄다리기 끝에 끌어낼 것인지 판단한다. 작은 배스는 그냥 끌어내면 된다. 챔질 방법은 루어에 따라 조금씩 다르므로 루어별 활용 편에서 따로 다루도록 하겠다.

스타드랙 조정

베이트릴의 스타드랙은 물고기를 끌어내는 힘을 조정하는 장 치다. 이 힘을 드랙력 또는 조력(釣力)이라고 부른다. 무작정 꽉 조이면 좋을 것 같지만 그렇게 하면 배스의 힘이 낚싯줄의 힘을 넘어설 경우 낚싯줄이 끊어지고 만다. 결국 낚싯줄의 강도, 낚싯대의 탄력 등을 고려해 적절한 드랙력을 찾아 야 하는데 그것은 일정한 기준이 있는 것이 아니라 낚 시를 통해 낚시인 스스로 찾아야 한다. 일 단 처음엔 루어 바늘 끝을 책상 모서리 등 에 걸어놓고 낚싯대를 45도 각도로 세운 뒤 릴링을 한다. 낚시줄이 끊어지기 직전에 미끄러져 나오도록 조절하는 것으로 시작!

풀리기 시작하네

낚싯줄

책상

스타드랙의 힘을 드랙력 또는 조력이라고 부른다.

큰 배스는 연안 쪽으로 머리를 돌렸을 때 릴링

펌핑

큰 배스는 강제로 끌어내다 보면 낚싯줄이 끊어지는 불상사가 발생한다. 배스의 힘이 거세다면 일단 버틴다. 배스가 낚시인 반대 편 쪽으로 도망갈 때 강제로 릴링하지 말고 낚싯대를 세운 채 버틴다. 배스가 머리를 낚시인 쪽으로 돌렸을 때 낚싯대를 내리면 서 재빨리 낚싯줄을 감고 다시 낚싯대를 세 우는 동작을 반복한다. 낚싯대를 내리고 올 리며 릴링하는 동작을 펌핑이라 부른다.

루어 운용 1
프리리그

프리리그는 웜을 꿴 바늘에 낚싯줄을 연결하고 그 낚싯줄에 고리봉돌을 단 채비를 말한다. 바늘에 웜만 꿴 채비에 낚싯줄을 자유로이 오갈 수 있는 유동형 봉돌을 달았다고 보면 이해하기 쉽겠다. 우리가 배울 배스낚시용 채비와 루어들은 대부분 외국에서 들어온 것이지만 이 프리리그만큼은 우리나라 낚시인이 개발한 토종 채비다. 배스프로토너먼트에서 활동하고 있는 김선필 프로가 개발한 것으로 그 효과가 뛰어나 아마추어 낚시인들에게도 널리 쓰이고 있다.

프리리그는 배스낚시인이면 꼭 알고 제대로 익혀야 할 채비다. 프리리그의 장점은 **1** 구조가 단순해서 쉽게 묶어 쓸 수 있다 **2** 다른 채비에 비해 비거리가 월등하게 길다 **3** 바닥 탐색 능력이 뛰어나다 **4** 입질이 아주 잘 들어온다 등이다. 아마추어 낚시인 열 중 여덟아홉은 이 채비만 갖고 다닐 정도다. 프리리그는 멀리 던져 먼 곳부터 가까운 곳까지 두루 탐색할 수 있다. 제대로 마스터하기를.

프리리그

자유롭게 이동

고리봉돌

오프셋훅

배스낚시용 바늘은 여러 가지가 있다. 가장 많이 쓰는 바늘은 오프셋훅이며 프리리그 역시 오프셋훅을 주로 사용한다. 오프셋훅은 웜에 바늘을 꿰었을 경우 바늘 끝이 미끄러져 빠지는 것을 방지하기 위해 개발됐다. 바늘 품이 넓어 어떤 웜을 꿰어도 잘 맞는다. 바늘 품이 넓은 바늘은 와이드갭훅이라고도 부른다. 바늘허리가 'ㄱ' 형태로 굽어 있어 웜에 잘 고정된다. 루어낚시용 바늘은 호수로 크기를 나타내는데 호수가 낮을수록 크기가 작아진다. 14, 12, 10, 8, 7…의 호수대로 크기가 작아지다가 1을 넘어서면 1/0, 2/0, 3/0… 순으로 점점 커진다. 1보다 1/0이 더 큰 것이다. 프리리그에서 많이 쓰는 크기는 1/0, 2/0, 3/0이다.

미늘

바늘 품
(갭)

축(생크)

바늘
구멍

오프셋훅

웜에 오프셋훅 꿰기

물고기 형태의 섀드웜에 오프셋훅을 꿰는 과정이다. 다른 웜도 이와 같은 방법으로 꿴다. 웜 정중앙에 바늘이 관통되도록 해야 한다. 바늘을 꿴 후의 웜 몸통이 구부러지면 안 된다.

1 오프셋훅과 웜. 웜 몸체의 어느 정도 부위에서 바늘 끝이 나오면 적당할지 가늠해본다.

2 바늘 끝을 웜 머리 중앙에 찔러 넣는다. 이때 바늘을 찔러 넣는 방향이 바늘이 노출되는 방향과 반대여야 한다.

3 웜 머리 중앙에 찔러 넣은 바늘을 빼낸다.

4 바늘을 180도 돌린다.

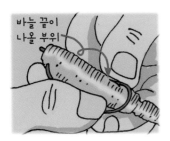

바늘 끝이 나올 부위

5 바늘 끝이 나올 부위를 가늠해본다.

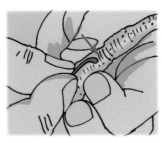

6 바늘이 나올 위치에 맞춰 아래서부터 찔러 넣는다.

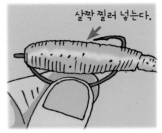

살짝 찔러 넣는다.

7 바늘 꿰기를 마친 웜. 밑걸림이 있는 곳에선 바늘 끝을 웜에 살짝 찔러 넣는다.

봉돌(싱커)

봉돌은 채비에 무게를 실어주는 '낚시추'를 말한다. 배스낚시에선 봉돌을 싱커라고 부른다. 프리리그에 사용하는 봉돌은 몸체 끝에 낚싯줄을 연결할 수 있도록 고리를 만들었다. 이를 고리봉돌이라 부른다. 고리봉돌은 붕어낚시에서 쓰이던 소품으로서 예전엔 붕어낚시에서 쓴던 고리봉돌을 그대로 프리리그에 사용했으나 요즘엔 전용 봉돌이 따로 개발되어 판매되고 있다. 프리리그에서 봉돌의 역할은 매우 중요하다. 봉돌을 통해 자신이 낚시하고 있는 바닥의 상태를 알 수 있기 때문이다. 바닥이 물컹물컹한 진흙인지 딱딱한 돌바닥인지 하는 느낌은 봉돌-낚싯줄-낚싯대를 통해 전달된다.

조금 비싸더라도 텅스텐 소재로 만든 프리리그 전용 봉돌을 사용할 것을 권한다. 텅스텐 소재는 작으면서도 다른 소재에 비해 바닥 상태를 더 잘 전달해준다. 봉돌의 무게는 온스 또는 호수로 표기된다. 1온스는 28.35g이고 1호는 2.1g이다. 보통 1/4, 3/8, 1/2온스, 9호(7.5g), 10호(8g), 11호(9.2g)를 많이 쓴다. 1호 봉돌 무게가 2.1g이라고 해서 9호 봉돌 무게가 18.9g이 아니므로 이상하다고 생각하지 마시길. 호수는 붕어낚시 기준으로 '영남추'라는 봉돌 제작업체의 기준을 거의 따르고 있다.

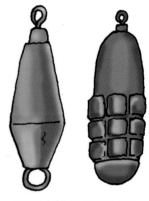

고리봉돌(좌)과 프리리그 전용 봉돌.

프리리그 장비와 채비

낚싯대
미디엄헤비 파워의
패스트테이퍼 액션 베이트낚싯대

낚싯줄
카본라인 8~14lb

바늘
오프셋훅 1/0~4/0

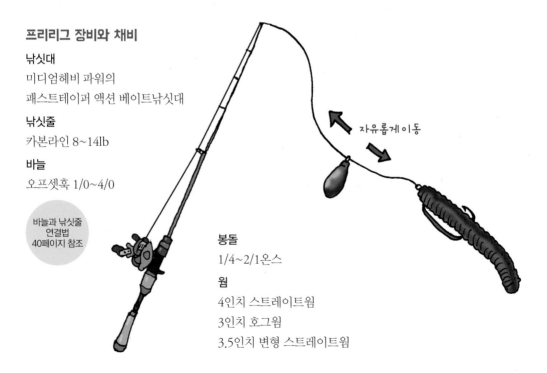

바늘과 낚싯줄
연결법
40페이지 참조

자유롭게 이동

봉돌
1/4~2/1온스

웜
4인치 스트레이트웜
3인치 호그웜
3.5인치 변형 스트레이트웜

프리리그용 웜은?

프리리그에 자주 쓰이는 웜 유형이 몇 가지 있다. 낚시인들 사이에서 비거리, 입질 빈도에서 뛰어난 효과가 있다고 소문이 난 것들이다. 형태로 본다면 길쭉한 스트레이트형, 집게발이 많이 달린 벌레 형태의 호그형, 스트레이트형을 변형한 변형 스트레이트형 등이 있다. 추천 제품들은 122페이지 참조.

날아갈 때는 봉돌과 웜이 포개져 있다가 물속에 들어가면 벌어진다.

오~!

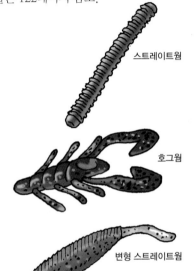

스트레이트웜

호그웜

변형 스트레이트웜

프리리그의 특징

프리리그를 캐스팅하면 웜과 함께 봉돌이 포개진 상태로 날아간다. 물속에 떨어진 프리리그는 봉돌과 웜이 벌어진 상태로 떨어지는 게 특징인데, 무거운 봉돌이 먼저 떨어지고 뒤이어 웜이 떨어진다. 이 모습이 주변에 있는 배스의 호기심을 자극한다. 이렇게 루어가 물속에서 낙하하는 동작을 '폴링 액션'이라고 한다. 다른 루어의 경우 폴링 액션 중 입질이 들어오는 경우도 많다.

배스는 루어를 빨아들여 물었을 때 먹잇감이 아니라고 판단되면 바로 뱉어 버린다. 웜리그에 달려 있는 봉돌은 배스에게 이물감을 주어 루어를 뱉어버리는 원인이 된다. 프리리그는 배스가 바닥에 있는 웜을 물 경우 봉돌에 달린 고리 사이로 웜과 연결된 낚싯줄만 움직이기 때문에 봉돌의 무게감을 느끼기 어렵다. 프리리그는 다른 웜리그에 비해 루어를 뱉어낼 확률이 적다. 이러한 특징으로 인해 프리리그는 다른 웜리그에 비해 무거운 봉돌을 사용한다. 캐스팅 거리를 늘이기 위해 3/4온스나 1온스 봉돌을 달기도 한다. 3/4온스 이상 봉돌을 단 프리리그를 헤비 프리리그라고 부른다.

프리리그의 장점

배스가 웜을 물었을 때 이물감이 덜하다.

?

봉돌의 고리 사이로 낚싯줄만 움직인다.

바닥 끌기 → 장애물에서 튕겨주기 → 살짝 튕겨주다 멈추기

1 바닥 끌기

바닥에 웜리그가 떨어지면 낚싯대를 세우면서 천천히 바닥을 읽는다는 생각으로
끌어주고 여윳줄을 감는다.
영어 표현으로는 드래깅.

바닥끌기(드래깅)

2 장애물에서 튕겨주기

바닥을 읽다가 돌을 타고 넘는다는 느낌이 들거나 장애물이 느껴지면 로드를 세
워 한 번 튕겨준 뒤 내려준다. 이를 리프트앤폴 액션이라고 부른다. 봉돌과 바늘
이 잠시 분리되면서 내려올 때 입질을 받을 수 있다.

튕겨주기(리프트앤폴)

3 살짝 튕겨주다가 멈추기

낚싯대를 들었다 놓았다 하는 느낌으로 살짝살짝 고패질하듯 튕겨준다. 이를 호
핑 액션이라고 부른다. 액션을 준 뒤엔 한동안 그대로 놓아둔다. 이를 데드워밍이
라고 부른다.

튕겨주기(호핑)

챔질 방법

프리리그를 사용할 때 낚시인들이 가장 어려워하는 것이 언제 챔질해야 되는 것이냐 하는 챔질 타이밍 잡기다. 프리리그는 낚싯줄이 봉돌의 고리를 관통하기 때문에 자그마한 움직임에도 툭툭대는 느낌이 자주 전달된다. 이때 입질이라 파악하고 바로 챔질을 하면, 배스의 주둥이에 걸리지 않고 바늘만 빠져나오는 헛챔질로 이어질

확률이 높다. 배스가 살짝 입을 댔거나 혹은 파동에 의해 전해져 온 느낌이므로 확실히 물어줄 때까지 좀 더 기다려줘야 한다. 낚싯대를 내리고 여윳줄을 주어 입질을 파악하는 게 좋다. 배스가 웜을 물었을 때엔 툭툭대는 입질이 이어지고 물고 달아날 때엔 좀 더 묵직한 감각이 전달된다. 낚싯줄이 팽팽해진 순간이 배스가 루어를 물고 달아나는 것이므로 이때 챔질을 한다. 입질이 약할 때는 3~4차례 툭툭대는 느낌이 와도 인내심을 갖고 기다려야 한다. 늘어진 여윳줄이 쫙 펴지는 순간에 릴의 낚싯줄을 감으면서 낚싯대를 세워 챔질한다.

연안까지 끌려온 배스는?

힘겨루기에 결국 백기를 든 배스는 연안 가까이 끌려와 입을 벌리고 있는 상태가 된다. 이때는 낚싯대의 휨새를 이용해서 배스의 머리를 수면 위로 들어 올린 상태에서 오른손으로 낚싯대 손잡이대 윗 부분을 잡고 왼손 엄지를 입속으로 집어 넣은 뒤 검지로는 아래턱을 받쳐 든 상태로 집어 들어 올린다.

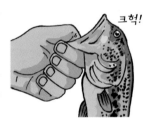

7g 텅스텐 봉돌   2/0 스트레이트 오프셋훅   3인치 스트레이트형 웜

언밸런스 프리리그

언밸런스 프리리그는 3인치 길이의 스트레이트형의 작은 웜에 상대적으로 큰 바늘을 꿴 프리리그를 말합니다. 제가 2014년 프로배스토너먼트에서 사용해 효과를 확인한 뒤 프로 낚시인부터 아마추어 낚시인들에게 폭넓게 사용하는 채비가 되었습니다. 언밸런스 프리리그의 장점은 기존의 프리리그에서는 볼 수 없었던 짧고 불규칙한 액션에 있습니다. 호핑을 주면 이런 액션이 잘 나옵니다. 지금 프리리그를 쓰고 있는데 입질은 감지되지만 챔질에 자꾸 실패한다면 또는 입질이 아예 없다면 웜은 작고 바늘은 큰 언밸런스 프리리그를 써보세요. 분명히 효과를 볼 수 있을 것입니다.

다운샷리그

다운샷리그는 낚싯줄에 바늘을 묶을 때 자투리 줄을 길게 남기고 이 자투리 줄 끝부분에 봉돌을 단 채비다. 드롭샷리그 또는 언더샷리그라고도 불린다. 물속에선 봉돌만 바닥에 닿고 바늘에 단 웜은 바닥에서 어느 정도 떠 있는 상태가 된다. 웜이 떠 있으므로 배스의 눈에 쉽게 띄며 입질을 하면 봉돌이 바닥에서 뜨게 되므로 입질을 파악하기도 쉽다.

프리리그가 멀리 던져 먼 곳부터 가까운 곳까지 넓은 지역을 탐색할 수 있다면 다운샷리그는 수초대 속과 같이 웜리그가 묻히기 쉬운 포인트, 입질이 들어오는 좁은 지역을 집중적으로 노리고자 할 때 사용한다.

봉돌을 무겁게 쓰면 배스에게 이물감을 줄 수 있으므로 깊은 수심을 노리는 등 특수한 경우가 아니라면 보통 1/16~3/16온스를 사용한다.

다운샷리그용 장비와 채비

낚싯대
미디엄라이트 파워
패스트테이퍼 액션의 스피닝낚싯대

낚싯줄
카본라인 4~12lb

봉돌
1/16~3/16온스

바늘
2~1/0 다운샷 전용 훅
또는 오프셋훅

웜
4~6인치 스트레이트웜

봉돌과 웜의 간격
일반-20cm 전후
짧게 할 때-5~10cm
길게 할 때-50cm~1m

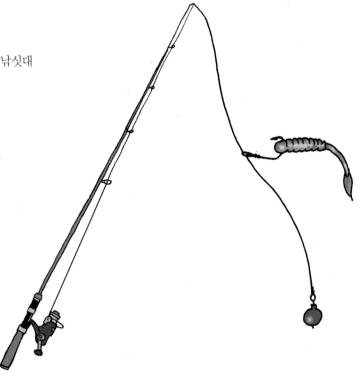

다운샷리그 만들기

1 바늘구멍에 낚싯줄을 집어 넣는다.

2 낚싯줄 끄트머리를 다시 바늘구멍에 넣어 봉돌을 부착할 길이만큼 여유 있게 빼준다.

3 그림과 같이 한 바퀴 돌린다.

4 매듭을 묶듯 고리 바깥쪽으로 뺀 뒤

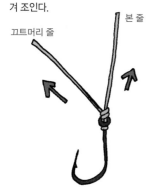

5 낚싯줄 고리에 바늘을 통과시키게 한 후

6 본줄과 끄트머리 줄을 같이 쥐고 당겨 조인다.

본 줄

끄트머리 줄

7 끄트머리 줄을 바늘구멍 위에서 아래로 통과시킨다. 이렇게 하면 바늘과 낚싯줄이 직각을 이루게 된다.

8 낚싯줄 끝을 봉돌 고리에 묶는다.

흔들기와 멈추기 동작 반복

봉돌이 뜨지 않을 정도로 웜을 살살 움직인다는 느낌으로 낚싯대를 흔드는 셰이킹 액션을 주다가 멈춰준다(스테이).

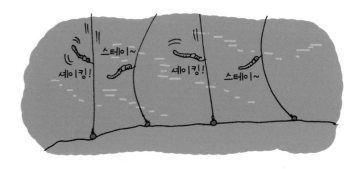

스피너베이트

스피너베이트는 봉돌 역할을 하는 헤드에 V 형태의 철사가 달려 있는 루어다. 이 철사 구조물을 암이라 부르며 위쪽엔 물의 저항을 받으면 회전하는 금속성 블레이드가 달려 있고 아래쪽엔 고무 재질의 스커트와 바늘이 달려 있는 독특한 형태의 루어다. 스피너베이트의 장점은 그냥 던지고 감는 것만으로도 입질을 받을 수 있다는 것이다. 배스의 입장에선, 볼륨감 넘치는 스커트와 회전할 때 반짝이는 블레이드는 물속에서 획획 방향을 바꾸는 작은 먹이고기 떼들로 보인다.

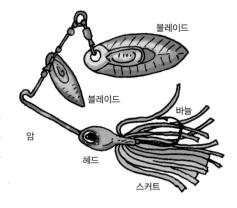

스피너베이트용 장비와 채비

낚싯대
미디엄 또는 미디엄헤비 파워의
레귤러 테이퍼 액션의 베이트낚싯대

낚싯줄
카본라인 10~14lb

루어
1/4~1/2온스 스피너베이트

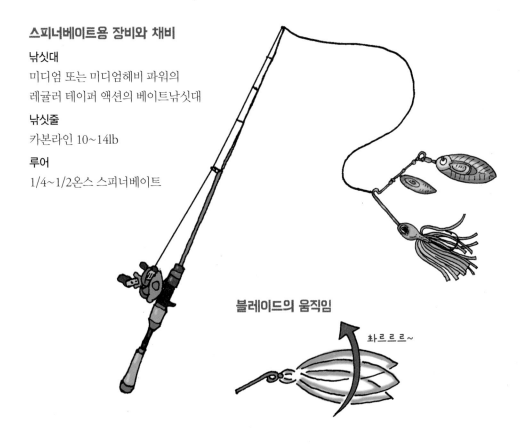

블레이드의 움직임

촤르르르~

바닥까지 떨어지는 동안 숫자 세기

프리지그가 롱캐스팅을 통해 넓은 권역을 탐색하기 좋은 루어라면 스피너베이트는 좁은 지역을 빠르게 탐색하기 좋은 루어다. 건너편 연안까지 루어가 닿는 지류나 골자리에서 낚시를 한다면 배스가 있는지 없는지 한 방을 노리기 위해 던질 수 있는 루어가 스피너베이트다. 생김새로 봐서는 어떻게 던져야 할 지 난감하게 생겼지만 일단 던져서 감기만 하면 된다. 루어에 달려 있는 암이 밑걸림을 줄여주는 역할을 하므로 수몰나무나 장애물이 있는 지역에서도 사용할 수 있다. 일단 카운트를 통해 얼마 만에 루어가 바닥에 닿는지 확인하고 바닥에 걸리지 않도록 루어를 회수한다.

스피너베이트 카운트

스피너베이트를 던져 착수시킨 후 바닥까지 가라앉는 시간을 마음속으로 숫자를 세어 체크한다. 10에 떨어졌다면 다음 캐스팅에선 10을 세기 전에 릴링을 시작한다.

입질 포인트 넘겨 캐스팅

그 다음 단계는 바닥에 닿지 않는 상태에서 느리게 릴링하기. 입질 포인트를 넘겨 캐스팅한 뒤 루어를 회수한다. 이때 릴링 속도를 천천히 느리게 그리고 일정하게 하는 게 중요하다. 일정한 속도로 감는 것만으로도 일정한 수심을 노리는 효과가 나타난다.

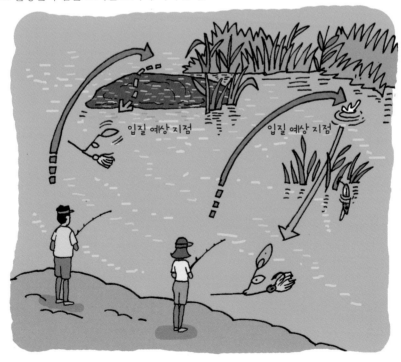

입질 예상 지점

입질 예상 지점

세웠다가 떨어뜨리기

단순 릴링에서 벗어나 액션에 변화를 줄 수 있다. 낚싯대를 들어 올렸다가 내리면서 릴링을 하면 스피너베이트는 물속에서 리프트앤폴 액션을 이루면서 움직인다. 갑자기 힘을 잃고 떨어지는 스피너베이트에 입질을 하는 경우가 많다.

1 블레이드의 진동을 느끼면서 낚싯대를 들어 올린다.

2 낚싯대를 내리면서 낚싯줄을 감아 들인다. 떨어지는 동안 들어올 입질에 대비해 여윳줄을 감아주는 것이다.

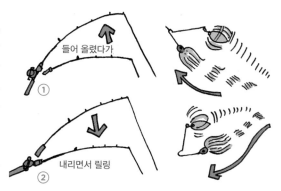

허리를 돌려 한 번 더 챔질한다

스피너베이트의 입질은 배스가 루어를 흡입해서 돌아서는 경우가 많아 자동 챔질이 되는 경우가 많다. 하지만 배스가 흡입하려 할 때 루어는 낚시인에 의해 계속 움직이고 있는 상태이므로 설 걸리는 경우도 많으므로 한 번 더 챔질을 해줘야 한다. 입질이 왔으면 낚싯대를 수평 상태로 유지한 뒤 여윳줄을 재빨리 감고 왼손으로 낚싯대를 쥐고 있는 경우, 오른발을 축으로 옆으로 45도 정도 트는 정도의 챔질만으로도 바늘을 깊게 박히게 할 수 있다. 이것을 스윕 훅셋이라고 부른다.

배스의 주둥이에 바늘을 한 번 더 깊숙이 박게 하는 동작입니다.

45도 정도 낚싯대를 쥐고 몸을 튼다.

누가 가장 크고 무거운 배스를 낚았나

배스낚시대회는 낚시인들이 저수지나 강 등 정해진 낚시터에 모여 배스를 대상으로 낚시 기량을 겨루는 행사다. 정해진 시간 동안 가장 크거나 가장 중량이 많이 나가는 배스를 낚은 낚시인에게 상패를 비롯해 상금과 낚시용품을 시상한다. 주로 낚시용품을 생산하는 조구(釣具)업체에서 주최를 하고 일정 금액의 참가비만 내면 누구나 참가할 수 있다. 1년 중 배스가 가장 잘 낚이는 4~5월에 많이 개최된다.

낚시인을 위한 운동회이자 축제

배스낚시대회는 낚시 기량을 가리는 자리지만 낚시인들의 축제이기도 하다. 같은 취미를 즐기고 있는 동호인 수백 명이 한 자리에 모이는 것 자체만으로도 재미있고 신나는 경험이다. 남들은 어떻게 낚시를 즐기고 어떤 장비를 쓰며 어떤 생각을 하고 있는지 함께 행사에 참여하다 보면 알게 된다.

행사를 주최하는 조구업체 역시 이러한 행사 분위기에 맞춰 낚시대회 외에 다양한 이벤트를 기획하고 경품 추첨 등을 진행해 참가자들의 만족도를 높이려고 노력한다.

시상식 때 박수만 치고 올 순 없잖아요?

배스낚시대회에선 보통 1위에서 5위까지 단상에 오른다. 무대에 올라 1, 2, 3, 4, 5위 단상에서 서서 상패와 상품 등을 받는 것이다. 입상을 하기 위한 방법이란? 물론 큰 배스를 잡는 것이다. 첫 출전에 입상을 하는 것은 어려운 일이지만 확률을 높일 수는 있다. 그 방법은 배스낚시대회가 열리는 낚시터를 파악하고 그에 맞는 루어를 준비하여 입질이 오는 시간대에 집중해 낚시하는 것이다. 낚시대회는 낚시 실력을 한 단계 높일 수 있는 기회 중 하나다.

대회 일정 확인하기

해마다 3월 말이 되면 배스낚시대회가 언제 어디서 열리는지 알려주는 배스낚시대회 요강이 공지된다. 주최사인 조구업체마다 개최 시기가 조금씩 다른데 3월 말부터 6월 말에 집중되며 그외 크고 작은 배스낚시대회가 곳곳에서 열린다. 주요 주최사는 바낙스, 엔에스, 제이에스컴퍼니, 한국다이와 등이고 해당 업체의 홈페이지를 방문하면 확인할 수 있다.

참가 결심했으면 입금부터

배스낚시대회는 참가 인원이 제한되어 있다. 선착순 300명 또는 400명이 보통이다. 대회에선 시상품 외에도 이벤트나 추첨을 통해 많은 상품을 참가자들에게 나눠준다. 상품 규모나 질에 따라 대회에 인기도가 비례한다. 인기 있는 배스낚시대회는 대회 공지와 함께 일찌감치 선착순 마감된다. 참가 결심을 했으면 입금부터 한다. 참가비는 3만원에서 3만5천원선.

대회가 열리는 낚시터에서 미리 낚시를 해본다

대회가 열릴 낚시터라면 일주일이나 이주일 전에 한 번 찾아가 낚시를 해보는 게 매우 유리하다. 어디에서 고기가 잘 나오는지 알 수 있기 때문이다. 대회에서 좋은 성적을 거두는 참가자는 대부분 대회가 열리는 낚시터를 잘 아는 낚시인이다. 답사가 어렵다면 인터넷으로 검색해서 정보를 찾도록 하자. 검색도 하지 않고 간다면 손가락만 빨고 오기 십상이다.

일단 뛰고 본다

대회장에서 큰 고기가 나오는 포인트는 한정되어 있다. 그에 비해 참가자들은 많다. 1급 포인트를 알고 있다면 먼저 가서 자리를 차지해야 한다. 낚시대회는 보통 출발 신호와 함께 참가자들이 흩어지는데 이때 걸어서는 좋은 자리를 먼저 차지하기 힘들다.

끝까지 긴장을 놓지 말자

배스낚시대회 통계를 보면 대회 초반인 오전 7시부터 9시 사이에 배스가 많이 낚이고 우승을 안겨주는 큰 고기는 후반인 오전 10시부터 11시 사이에 많이 배출되었다. 풀어보자면 입질이 끊기는 소강상태는 있지만 꾸준히 배스는 낚인다는 것이다. 낚시대회 시간 내내 긴장을 놓지 않고 낚시에 집중하는 낚시인에게 큰 고기의 행운도 따른다.

"가장 중요한 것은 수위 파악"

대회가 열리는 낚시터 정보 중 가장 중요한 것은 수위 파악입니다. 대형 호수의 경우 물 빠짐이 심한데요, 그 수위는 국가수자원관리종합정보시스템(www.warmis.go.kr)에 접속하면 대부분의 정보를 알 수 있습니다. 예를 들어 대청호에서 대회가 열릴 경우, 최근 대청호의 수위 파악도 중요하겠지만 더 중요한 것은 1년 전, 2년 전 등 현재와 가장 유사한 계절과 수위를 파악해서 당시의 조황을 인터넷에서 검색해보는 것입니다. 지금이 4월이고 수위가 100이라면 1년 전, 2년전 3년 전 수위를 검색한 후 100에 가장 근접한 수위, 그리고 4월과 가장 근접한 날짜의 대청호 포인트별 조황을 찾는 것입니다.

상대를 알면 100전 100승!
봄 배스의 생태를 파악하라

배스는 어떤 물고기인가? 어디로 움직이는가? 어떻게 잡을 것인가? 이 질문에 대해 비교적 명확한 기준을 갖고 접근할 수 있는 시기가 바로 봄이다. 배스낚시대회가 집중적으로 열리는 계절이기도 하다. 20cm 이상 자란 배스는 봄이 되면 산란에 돌입한다. 대부분의 물고기가 그렇듯 배스도 체외수정(體外受精)을 한다. 수컷 배스가 산란장을 만들고 암컷 배스가 접근하도록 유도하여 산란(産卵)을 하면 수컷 배스가 방정(放精)을 해서 수정시킨다. 암컷 배스는 산란을 마친 뒤 산란장을 떠나지만 수컷 배스는 알에서 새끼가 부화해서 헤엄쳐 다닐 때까지 알을 지킨다.

산란 전 배스가 가장 낚기 쉽다

산란은 많은 체력 소비를 요구하기 때문에 산란을 앞둔 배스는 왕성하게 먹이활동을 하여 영양분을 보충하려고 한다. 그렇기 때문에 산란을 앞둔 배스는 잘 낚인다. 산란 호황이니 연중 최고의 빅배스 찬스라고 하는 시기가 바로 산란 전기를 두고 하는 말이다.

산란 전기

봄이 되어 수온이 오르면 배스는 산란을 준비한다. 학계의 연구에 따르면 배스는 수온이 15도가 되어야 산란에 들어간다고 한다. 그런데 이 수온이란 것은 호수의 형태, 크기, 위치에 따라 다를 수밖에 없다. 따라서 산란 시기도 낚시터마다 다르다. 그 시기가 3월이 될 수도 4월 될 수도 있다. 수온이 어느 정도 오르면 배스는 더 자주 오랜 시간 얕은 수심에 머무르면서 먹이사냥을 한다.

산란기

수컷 배스는 암컷 배스의 산란 시기에 이르면 알을 부화시키기 적당한 곳에 산란장을 만든다. 산란장은 수초, 나무 그루터기, 수몰나무, 바위 등이 있어 외부의 적으로부터 치어와 알을 보호하기 좋은 지형을 고른다. 바닥은 자갈이나 모래로 이뤄진 곳을 택한다. 수컷 배스는 꼬리지느러미를 흔들어 바닥을 파헤쳐 자리를 만든 후 암컷 배스를 유혹한다. 수정이 끝나면 수컷 배스만이 산란장에 남아 새끼들을 보호한다. 이때는 먹잇감엔 관심을 두지 않아 배스를 낚기 어렵다.

산란 후기

산란이 끝나면 수컷과 암컷 배스 모두 일정 기간 휴식을 취한다. 수심 깊은 쉼터로 내려가거나 바위나 수초 등에 몸을 숨기고 한동안 먹이활동도 하지 않으며 체력이 회복되기를 기다린다. 배스를 낚기 매우 어려운 시기.

산란 전기(프리스폰)
산란을 준비하기 위해 활발히 먹이 사냥을 한다.

산란기(스폰)
고사목이나 자갈, 모래 바닥에 산란장을 만든다.

산란 후기(애프터스폰)
산란이 끝나면 수심 깊은 쉼터로 내려가 휴식을 취한다.

전문가 어드바이스

이완옥 어류학 박사

"15도에 가까워야 산란이 이뤄집니다"

배스의 산란 시기에 대해 국내에서 연구한 결과를 보면, 옥정호, 섬진강, 만경강 등에서 산란 시기를 추정한 결과 5월에서 6월 말까지이고 5월 초에서 중순에 가장 많은 개체가 산란에 참여하며 7월에는 모든 배스가 산란을 마치는 것으로 확인하였습니다. 괴산호의 연구에서도 이와 비슷한 결과를 확인했습니다. 괴산호에서는 배스의 수온과 산란 시기가 매우 밀접하게 연관되어 있다고 보고했습니다. 배스의 산란 시기는 수온 15도에 가까워져야 이뤄진다는 것인데 이러한 결과는 지금까지 연구된 국내외 모든 연구 결과에서도 확인되었습니다. 일본의 연구 결과에서도 수온 14도에 배스의 산란이 시작되지만 주로 15도에서 산란이 시작된다고 보고되어 있습니다. 또한 수온 25도 이상이 되면 거의 모든 배스들의 산란이 마무리된다고 밝히고 있습니다.

배스가 좋아하는 지형 핵심 체크

스트럭처는 구조 또는 구조물을 뜻한다. 배스낚시에서 스트럭처라고 하면 우리가 낚시를 하는 호수나 강의 물속 바닥 지형이라고 이해하면 되겠다. 듣기에도 어려운 스트럭처란 용어를 쓰는 이유는, 배스가 어디에 머무느냐 어디로 이동하느냐를 파악해야 할 때 스트럭처란 개념을 빼놓고 이야기 할 수 없기 때문이다.

배스는 스트럭처를 중심으로 생활한다. 이것은 본능에 따른 것으로 자신을 숨길 수 있는 스트럭처에서 머물다 먹잇감을 사냥한다. 포인트를 잘 찾는 낚시인은 스트럭처를 잘 찾는 낚시인이다.

저수지를 한 번 살펴보자. 물에 잠겨 있는 저수지 바닥엔 곳곳에 스트럭처가 있다. 하천이 물에 잠겨 생긴 물골, 다른 곳보다 높에 솟은 수중언덕, 갑자기 수심이 뚝 떨어지는 절벽, 물을 채우기 위해 쌓아놓은 석축 제방, 저수지를 가로질러 놓인 다리 이 모두가 스트럭처에 포함된다.

깊은 수심과 얕은 수심

깊은 수심과 얕은 수심은 포인트의 또 다른 기준이 된다. 깊은 수심을 딥, 얕은 수심을 샬로우라고 부른다. 보통 연안에서 멀어질수록 수심은 깊어진다. 낚시인이 연안에서 던진 루어가 닿지 않는 거리에 배스가 있다면 배스를 낚을 방법은 없다.

낚시인이 배스를 낚을 확률이 높은 수심은 얕은 수심, 샬로우에 배스가 머물 때다. 그 찬스는 깊은 수심에 머물러 있던 배스가 얕은 수심으로 올라붙어 먹이사냥을 할 때다. 이 시간대가 언제인지 또 어떤 상황인지 파악하는 게 중요하다. 수심은 상대적인 것이지만 보통 수초가 자라는 1~3m 수심을 샬로우, 그 이상 수심을 딥이라고 부른다.

브레이크와 브레이크라인

지질학에서 브레이크는 일정하게 지속되던 형상이나 성질이 급격히 변하는 층을 말한다. 배스낚시에선 지형이든 구조물이든 토질이든, 변화가 있는 지점을 브레이크라고 하고 그 브레이크가 연속적으로 이어져 있는 것을 브레이크라인이라고 부른다.

브레이크는 물골이나 수중언덕의 모서리처럼 급경사를 이루는 지점, 맨땅으로 이어지다가 수몰된 나무나 고사목이 있는 지점, 맨바닥에서 석축으로 바뀌는 지점 등 변화가 생기는 곳을 말한다. 그것이 이어져 있으면 브레이크라인이다. 브레이크라인이 중요한 이유는 배스가 브레이크에 머물고 브레인크라인을 따라 움직이기 때문이다.

스트럭처, 샬로우, 브레이크라인…
왜 굳이 어려운 영어 용어를 쓰나요?

루어낚시를 배우다 보면 영어로 된 용어를 많이 쓰게 된다. 낚시 자체가 외국에서 생겨났기 때문이다. 특히 배스낚시에선 영어 용어가 더 많이 쓰인다. 배스낚시가 미국에서 생겨나 이론적으로 정립이 되어 우리나라에 들어왔기 때문이다. 배스낚시가 우리나라에 자리를 잡을 무렵, 순 우리말로 순화하려는 시도가 있었으나 현재는 영어 용어를 그대로 사용하고 있다.

호수의 스트럭처 유형

1 얕은 수심(샬로우)　　2 깊은 수심(딥)　　3 브레이크　　4 브레이크라인

5 물골(채널)　　6 수중언덕(험프)　　7 석축　　8 수초대(브러시)　　9 절벽(드롭오프)

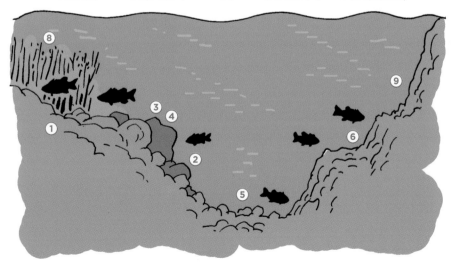

배스낚시 대회장에서 포인트 찾기

배스낚시대회엔 수백 명의 낚시인이 참가한다. 이런 인원이 한꺼번에 낚시를 할 수 있는 장소는 사실 규모 큰 저수지밖에 없다. 그중엔 댐도 있다. 시상식 등을 위해 수백 명이 한군데에 모여 있을 공간도 필요하다 보니 행사가 치러진 장소는 대체로 정해져 있는 편이다. 경기 용인 송전지(수면적 98만평), 충북 충주 탄금호(수면적 71만평), 충남 논산 탑정호(수면적 191만평), 전남 장성 장성호(수면적 206만평) 등이 대표적이다. 그림의 저수지를 통해 우리가 만나게 될 대회장의 지형지물을 살펴보고 노려봐야 할 포인트는 어디인지 찾아보자.

1 수몰 육초대. 육초는 육상에서 자라는 초본식물을 말하는 것으로 가지가 많은 나무와 구분해야 한다. 봄에 만나는 육초는 새순이 돋지 않은 상태로서 여리여리한 가는 줄기만 보인다. 봄 배스는 수몰 육초대 끝의 가장자리를 타고 움직인다.

2 깊은 수심. 겨울에 배스가 모여 월동하는 지역.

3 얕은 수심. 그중에서도 깊은 곳을 끼고 있는 얕은 수심은 배스의 먹이사냥터다.

4 브레이크라인. 봄 배스는 얕은 수심과 깊은 수심의 경계 지점에 있다. 브레이크라인에 머물다가 수온이 오르면 더 얕은 수심으로 붙는다.

5 물골 브레이크라인. 장타를 통해 루어가 브레이크라인까지 닿을 수 있다면 빅배스를 만날 확률이 높다.

6 수중언덕. 배스가 자주 오르내리며 출몰하는 지형이다.

7 곶부리. 연안으로 뻗어나가 있는 지형 특성으로 인해 멀리 있는 브레이크라인과 물골을 모두 노릴 수 있는 1급 포인트다.

8 수몰 집터나 돌무더기. 물속 구조물로서 배스가 머물러 있다.

9 홈통 연안의 수몰나무. 배스가 숨어 있는 곳이다.

10 석축. 인위적으로 쌓은 연안 제방 앞은 물속에도 석축 지형이 이어져 있다. 석축 바닥과 맨바닥 경계 지점에서 입질을 받을 확률이 높다.

11 교각. 교각 주변엔 공사 때 쌓인 돌무더기가 곳곳에 있으며 그곳에 배스가 은신해 있다.

1번, 3번, 7번, 8번, 9번은 산란 포인트.

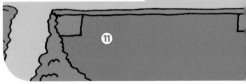

대회 참가 접수 확인부터 시상식까지

AM 6:00

참가자 접수 확인. 대회장 본부석에서 참가 접수 확인을 한다. 이때 접수 번호가 쓰여 있는 참가증을 받게 되는데 고기를 낚을 때나 추첨 상품을 받을 때 꼭 필요하므로 잃어버리지 말 것.

AM 7:00

낚시대회 시작. 참가증에 확인 도장을 받는 것을 시작으로 행사가 시작된다. 남들보다 먼저 확인 도장을 받아 가장 좋은 포인트를 설 수 있도록 서두를 것.

AM 8:00

배스가 가장 잘 낚이는 시간대. 주최 측에선 낚시터를 구간별로 나누어 현장 계측 요원을 배치했다. 고기를 낚았다면 낚은 고기를 현장 계측 요원에게 가져가 중량과 크기를 잰다.

유명 포인트엔 낚시인들이 몰려 많은 루어들이 한꺼번에 물속으로 떨어지게 된다. 이게 배스에게 스트레스를 주어 오히려 입질이 들어오지 않은 경우도 많다.

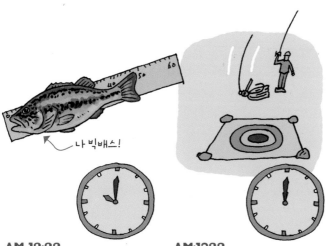

나 빅배스!

우승

AM 10:00

입질이 줄어들고 낚시에 대한 집중력도 떨어질 시간대. 포인트를 옮길 것인지 버틸 것인지 결정해야 할 시간. 지금 선 자리가 A급 포인트라면 옮기는 것보다 버틸 것을 추천. 인내하는 자에게 빅배스의 행운이!

AM:1200

낚시대회 종료. 행사장에 모여 주최 측에서 제공하는 점심식사를 먹는다. 주최 측에서 기록을 결산을 하는 동안 필드캐스팅대회 등 여러 가지 이벤트를 진행한다.

PM 1:00

시상식. 기록이 발표되고 입상자들이 단상에 올라 상을 받는다. 본상 시상 외에 장거리출조상, 최연소참가자상, 커플상 등 다양한 방법으로 상품이 참가자들에게 전달된다.

먹을까? 말까?

대회 후반엔 참가자들이 하나 둘 낚시를 포기하기 시작한다. 물속에 있던 루어 숫자도 줄어들게 되고 경계심이 사라진 큰 배스가 입질을 하기도 한다.

배스가 2차 브레이크라인에 물러나 있다니?

배스낚시대회는 끝났다. 우승은 배스 두 마리 합산 길이 75cm를 기록한 낚시인에게 돌아갔다. 낚시대회가 시작하자마자 낚은 49cm 배스가 그에게 우승을 안겨주었다. 그런데 그가 밝힌 우승 소감 중 이해가 가지 않은 대목이 있었다.

"아침 기온이 싸늘해 배스가 멀리 2차 브레이크라인으로 물러나 있다고 보고 최대한 장타로 멀리 노린 뒤 조금씩 끌다가 멈추는 식으로 입질을 기다렸습니다."

배스가 2차 브레이크라인에 물러나 있다니?

배스의 이동 경로에 대한 이야기

배스가 잘 낚이는 포인트는 분명히 있다. 수심 차가 나는 콧부리 지형, 자갈과 같은 돌이 많이 깔려 있는 바닥, 수몰나무가 우거진 얕은 수심 등이 그런 곳이다. 하지만 이들 포인트엔 항상 배스가 붙어 있는 것일까? 그렇지 않다. 어딘가에서 머물고 있다가 먹이를 사냥해야 할 때 올라 붙은 것이다.

정확하지 않지만 그리고 일정하지는 않지만 배스가 먹이를 사냥하러 나오는 시간대가 있다. 배스가 먹잇감으로 삼는 작은 물고기나 새우 등이 얕은 수심으로 몰려나올 때다. 대략 이른 아침이나 초저녁이라 할 수 있는데 이 시간대를 피딩타임이라고 부른다.

이사 가자~!

쉼터에서 사냥터까지 순차적으로 이동

배스가 포인트까지 뿅! 하고 이동하는 것은 아니다. 수심이 깊은 출발지에서 순차적으로 옮겨가며 얕은 수심의 목적지까지 이동한다. 출발지는 배스가 휴식을 취하고 몸을 숨길 수 있는 쉼터다. 먹이사냥에 나서야 할 때는 이 쉼터를 빠져나와 얕은 수심으로 이동하는데 그 경로가 바로 브레이크라인이다. 브레이크라인은 사냥터로 가장 빨리 올라붙을 수 있는 곳을 택한다. 브레이크라인은 계단처럼 수심 차가 나는 경사지대일 수 있고 돌이나 수몰나무일 수도 있다.

낚시인과 가장 가까운 브레이크라인은 배스의 입장에선 사냥터로 향하기 전의 마지막 브레이크라인이다. 낚시대회 우승자가 2차 브레이크라인으로 물러나있다는 것은 결국 배스가 평소때보다 멀리 떨어져 있다는 얘기다. 그것이 배스가 아직 마지막 브레이크라인까지 올라붙기 전 상황인지 아니면 1차 브레이크라인으로 붙었다가 물러선 것인지는 알 수가 없다. 아울러 배스가 낚인 곳이 2차 브레이크라인인 것도 정확한 사실은 아니다. 하지만 배스가 멀리 있으므로 루어를 멀리 던져야 하는 낚시 상황인 것만은 분명하다.

어느 정도 자란 배스는 무리를 이루며 대개 이러한 이동 경로를 거쳐 단체로 먹이사냥을 하고 다시 쉼터로 돌아간다. 그런데 사냥터에 머무르는 시간은 짧다. 얕은 수심은 먹잇감이 풍부하지만 그 만큼 낚시인 등 외부의 적으로부터 공격 당하기 쉽기 때문이다. 배스낚시 전문 용어로 쉼터를 생추어리 포인트, 이동 경로인 브레이크라인을 콘택트 포인트, 사냥터로 가기 전 마지막 브레이크라인을 스캐터 포인트라고 부른다.

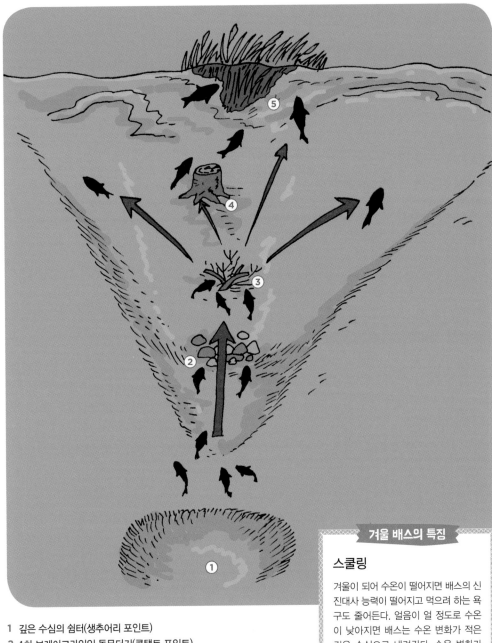

1 깊은 수심의 쉼터(생추어리 포인트)
2 1차 브레이크라인인 돌무더기(콘택트 포인트)
3 마지막 브레이크라인인 수몰나무(스캐터 포인트).
   여기서 먹이사냥을 위해 뿔뿔이 흩어진다.
4 은폐물인 고사목
5 사냥터인 수초대

스쿨링

겨울이 되어 수온이 떨어지면 배스의 신진대사 능력이 떨어지고 먹으려 하는 욕구도 줄어든다. 얼음이 얼 정도로 수온이 낮아지면 배스는 수온 변화가 적은 깊은 수심으로 내려간다. 수온 변화가 적은 깊은 수심대는 한정적으로 있기 때문에 그런 곳엔 배스가 모여 있게 되고 이를 '스쿨링'이라고 부른다.

배스낚시용품 구입 가이드

주요 업체별로 잘 팔리고 있는 배스낚시용품들을 모아 소개한다.
제품별 가격은 2020년 현재 가격이며 배열은 업체명 가나다 순.

낚싯대

도요피싱 우라노

가성비 대비 높은 성능으로 인기를 얻고 있는 베이트릴 제품인 우라노의 이름을 따서 만든 배스낚싯대. 박무석 프로가 설계에 참여했고 워킹낚시에서 필요한 스펙을 갖추고 있다. 우라노 베이트릴과 콤비로 사용한다면 최고의 성능을 발휘한다는 게 회사 측의 설명. 2절 모델로서 C682MH의 가격은 8만8천원.

바낙스 컴퍼스 SV 나노

초고탄성 나노픽스 46톤 카본을 베이스로 하여 경량화를 실현했으며 후지 세미 KR 가이드 시스템을 적용해 줄꼬임을 줄이고 캐스팅 기능을 향상시켰다. 13개 라인업이 있으며 액션 중시의 원피스 타입과 휴대성 중시의 투피스 타입이 모두 있다. C692MH의 소비자 가격은 9만9천원.

엔에스 다크호스 배스V2

후지 가이드, ES-06C/ES-05S 릴시트, 콜크 그립 등 고급 소재가 사용된 10만원대 초반의 제품이다. 2절로서 스피닝 모델 2종, 베이트 모델 5종이 있어 선택의 폭이 넓다. C682MH는 프리리그부터 스피너베이트까지 고루 소화하는 범용 제품으로 사랑받고 있다. C682MH의 소비자가격은 10만5천원.

은성 피나클 퍼펙타X

은성사의 루어 브랜드인 피나클에서 한국 낚시 스타일에 맞춰 개발한 배스낚싯대. 미드스트롤링부터 빅베이트피싱까지 다양한 장르를 커버하는 7개 라인업을 갖췄다. 은성사의 독자 기술인 DHC 공법이 적용돼 튼튼하며 풀카본 릴시트와 모노코크 핸들 시스템을 사용해 가볍다. 2020년 신제품으로 소비자 가격은 미정.

제이에스컴퍼니 빅쏘드 B1

낚시 스타일과 루어에 따라 제품을 X, F, R 타입으로 나눴다. 프리리그 등 강하고 빠른 제압이 필요한 낚시에 어울리는 F 타입, 미드스트롤링 등 부드러운 루어 운용에 적합한 F 타입, 톱워터 루어, 미노우 운용에 알맞은 R 타입으로 나누어 선택의 폭이 넓다. 모두 12종의 모델이 있으며 X 타입 BC712MH-X 기준 소비자가격은 19만원.

릴

다이와 타튤라 100 TWS

다이와 베스트셀러인 타튤라 TWS에 비해 크기가 작아지고 더 가벼워졌다. 원투와 근거리 피칭 등 캐스팅 기능 강화를 위해 다이와 고유 기술인 매그포스-Z 시스템을 적용했다. 소비자가격은 1만6천9백엔.

도요피싱 우라노 G2

2010년 내놓은 우라노가 큰 인기를 얻으면서 업그레이드하여 내놓은 버전 2 모델. 가격 대비 가성비 높은 제품으로 인기를 모으고 있다. 기어비 6.8:1, 7.5:1 두 가지가 있다. 스피너베이트와 같이 물의 저항을 받고 있는 루어는 6.8:1이 적합하고 프리리그는 7.5:1이 알맞다. 우라노 G3도 출시되었다. 소비자가격은 12만5천원.

바낙스 아이오닉스 SV

가벼운 루어도 캐스팅할 수 있도록 초경량 스풀을 장착했으며 파지감 향상을 위해 크기를 최소화했다. 미세 조절이 가능한 메커니컬 브레이크와 최신 원심브레이크를 적용했다. 기어비는 5.3:1, 7.3:1 두 가지이며 모두 좌핸들 우핸들 제품이 있다. 소비자가격은 21만원.

은성 피나클 프라이머스 XI

10kg 힘을 견딜 수 있는 드랙력, 콤팩트한 크기, 167g의 가벼운 무게가 캐스팅과 루어 조작에 있어 편안함을 제공한다. 하이그레이드 모델에만 사용하는 이중보호 SUS 볼베어링을 사용해 릴링감이 매우 부드럽다는 게 개발자의 설명. 소비자가격은 25만원.

소품

G7 토너먼트 카본·나일론 300

배스낚시 전용 낚싯줄로서 300m 길이의 넉넉한 양이 장점이다. 낚싯줄 소비가 많은 배스프로를 위해 개발한 상품이지만 아마추어 낚시인에게도 활용도가 높다. 카본 낚싯줄은 3, 4, 5, 6, 7, 8, 10, 12, 14, 16, 20lb, 나일론 낚싯줄은 6, 8, 10, 12, 14, 16, 20lb가 있으며 소비자가격은 낚싯줄 굵기에 따라 1만2천~1만9천원.

메이호 VS3080과 VS820ND

낚시 횟수가 거듭될수록 늘어가는 것이 루어다. 루어 수가 많아지면 종류별로 분류해 수납해야 할 때가 분명히 오는데 이때 필요한 소품이 메이호 VS 3080 태클박스다. 크게 2단으로 분리되어 있으며 하드베이트, 웜, 스피너베이트 등 루어 형태에 따라 분류할 수 있도록 설계되어 있다. VS820ND는 소형 태클박스로 VS3080의 내부 공간과 규격이 딱 맞다. 내장 하드를 넣고 빼듯 VS 3080에 통째로 보관할 수 있다. 가격은 VS3080은 7만원, VS820ND는 7천7백원.

낚시인들이 꼭 갖고 다니는 루어들

효과가 뛰어나고 어떤 채비에 찰떡궁합이라고 소문난 루어들이 있다.
낚시인들에게 검증된 핫 루어 중 웜과 스피너베이트만 모아 소개한다(소개 순서는 업체 명 가나다 순).

게리야마모토 센코

스트레이트웜으로 오랜 기간 사랑을 받아온 스테디셀러. 텍사스리그, 지그헤드리그, 노싱커리그 등 다양한 채비와 상성이 좋다. 높은 비중으로 인해 긴 비거리도 장점이다. 4~5인치가 많이 쓰이고 언밸런스 프리리그엔 3인치를 쓴다.

다미끼 스피어

플로팅 웜으로서 배스프로토너먼트를 뛰는 프로 낚시인들 사이에서 먼저 유행하고 아마추어 낚시인들에게 퍼졌다. 플로팅 웜으로서 같은 굵기의 다른 루어와 비교해 질기고 강해서 오래 쓸 수 있다. 프리지그로 활용하면 물속에서 오래 유영하며 입질을 유도한다.

사와무라 원업섀드

물고기 형태의 섀드웜 열풍을 일으킨 주인공이다. 노싱커리그에 5인치나 6인치를 꿰어 수초가 수면을 덮은 포인트에서 수면으로 빠르게 감는 기법(버징)에서 대단한 위력을 발휘한다. 고밀도 고비중의 소재를 사용해 잘 날아가고 잘 찢어지지 않는다는 것도 장점.

에이티제트 매치

유튜브 꿀팁배스 진행자이자 KSA 프로토너먼트를 뛰고 있는 이형근 프로가 실전 경험을 토대로 개발한 웜. 우리나라 담수에 서식하고 있는 밀어, 민물검정망둑 등을 모티브로 해서 만들었다. 육각형태의 역 주름이 다른 루어와 차별화된 액션을 만들어준다. 크기는 3, 4인치. 3인치는 언밸런스 프리리그에 적합하며 4인치는 프리리그, 지그헤드리그 등 다양한 채비에 사용한다.

에스엠테크 까끼 SM섀드테일

최석민 프로가 디자인한 섀드웜. 까끼는 최석민 프로의 애칭이다. 배 부분의 비중을 높게 설계하여 길이와 볼륨감에 있어 낚시인의 요구사항을 만족시키고 있다는 평. 비거리가 길어 다양한 용도로 활용 가능하다.

줌 더블링거

프리리그에서 특히 위력을 발휘하는 웜으로 많은 낚시인들이 애용하고 있다. 프리리그에 모두 더블링거만 사용한다고 해서 '너무하다(?)'는 지적까지 받고 있다. 보디에 잡힌 주름이 특유의 파동을 일으킨다. 일단 한 번 써보시길. 길이는 4인치.

줌 스왐프

카이젤리그용으로 많이 사용한다. 낚시인들 사이에서 입질 많이 받는 웜으로 통하고 있다. 입질이 예민한 겨울철에 효과가 뛰어나다. 봉지에 들어 있는 웜 개수가 많다는 것도 장점.

워터맨 다이나섀드

수초가 많은 낙동강계의 낚시터를 많이 찾은 영남 지역의 낚시인들에게 스테디셀러로 통한다. 145mm 모델은 긴 비거리와 큰 볼륨감으로 배스의 입질을 유도한다. 날아가면 꼬리 부분이 스틱베이트와 같은 효과를 발휘하는 '비상한 웜'.

하프루어 야마데스2

합리적 가격과 실용성으로 인기를 누리고 있는 하프루어의 야마데스 시리즈를 세상에 알린 제품이다. 저중심 설계를 하고 소금을 첨가해 비중을 높여 노싱커리그를 사용해도 캐스팅 거리가 길다. 보디 주름과 슬림한 꼬리가 액션 시 특유의 진동을 발생시켜 입질을 유도한다.

다미끼 TOT 스피너베이트

KSA 프로배서이자 스피너베이트의 달인으로 통하는 김효철 프로가 디자인하고 테스트에 참여했다. 다른 제품에 비해 블레이드 회전을 통해 생기는 진동이 강해 물속에서 큰 존재감을 발휘한다. 넓은 구간을 탐색하는 것보다는 짧은 구간을 속전속결 공략하기 좋은 제품.

에버그린 디존

일본에서 생산된 스피너베이트 중 최고로 꼽힌다. 저중심 설계로 밸런스가 안정적이고 가는 암을 사용해 블레이드의 진동이 헤드와 스커트에 전달된다. 많은 현장에서 조과로 가치를 인정받은 제품.

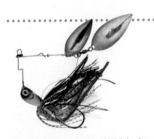

에스엠테크 까끼 피존블러드 주니어

스피너베이트 고수로 유명한 최석민 프로가 설계한 스피너베이트. 스커트에 섞여 있는 빨간색 리본은 피를 흘리는 물고기를 연상시킨다. 낚시인들에게 큰 인기를 누렸던 피존블러드의 크기를 줄여 소형 버전을 완성했다. 공기의 저항을 덜 받아 발군의 캐스팅 거리를 자랑한다.

앞으로 만나게 될 채비와 루어들

배스루어 3대장인 프리리그, 다운샷리그, 스피너베이트를 배웠다.
하지만 이 루어들은 배스루어 중 일부에 불과하다.
앞으로 낚시를 배워가면서 만나게 될 배스 루어들을 살펴본다.

웜리그 | 웜리그는 소프트베이트인 웜에 바늘을 꿴 채비를 말한다.

노싱커리그

봉돌을 달지 않고 웜에 바늘만 꿴 채비다. 봉돌이 없기 때문에 매우 가벼운 게 특징이다. 장비 역시 스피닝릴과 스피닝낚싯대를 주로 사용한다. 물속에서 천천히 가라앉기 때문에 배스에게 오래 노출시킬 있다는 게 장점이다. 수몰나무 사이 등 장애물이 많은 지역, 입질이 약한 저수온기, 밑걸림이 많은 석축 지대 등에서 사용한다. 다양한 형태와 크기의 노싱커리그용 웜이 출시되어 있다.

폴링이나 물속에서 일정한 속도로 감아 들이는 스위밍이 주 기법으로서 웜 자체를 크게 사용해서 폴링 속도나 물속의 파장을 더 크게 만들 수도 있다. 섀드웜이라 불리는 물고기 형태의 비중 큰 웜을 사용해 수면에서 빠르게 움직이게 하는 버징도 많이 활용하는 기법이다.

텍사스리그

텍사스리그 전용 총알형 봉돌을 낚싯줄에 끼우고 바늘을 연결한 채비다. 바늘과 봉돌 사이에 플라스틱 구슬(비드)을 끼워 소리가 나게 운용하기도 한다. 프리리그, 다운샷리그와 함께 가장 많이 사용하는 채비로서, 만드는 방법이 간단하고 어떤 환경에서도 쓸 수 있다는 게 장점이다. 특히 바닥에 수초나 돌멩이 등 걸림이 많은 곳에선 장애물을 잘 타고 넘으며 위력을 발휘한다.

웜과 바늘이 분리되는 구조이므로 봉돌이 바닥에 닿아 있지 않을 경우 입질을 파악하기 어렵다. 봉돌을 통해 바닥에 확실히 닿아 있는 것을 확인한 뒤 액션을 준다. 대부분의 입질은 봉돌이 바닥 구조물이나 장애물을 빠져나올 때 집중된다. 그밖에 낚싯대 끝을 흔들어주는 셰이킹, 낚싯대를 들었다 놓는 리프트앤폴 기법을 운용한다.

지그헤드리그

바늘과 싱커가 하나로 되어 있는 지그헤드를 낚싯줄에 연결한 채비다. 바늘이 싱커 역할을 함께 하기 때문에 다양한 방법으로 활용할 수 있고 바늘 끝이 위로 향한 구조 특성상 입걸림이 잘 되는 게 장점이다. 하지만 그만큼 걸림도 발생한다.

가장 쉽게 할 수 있는 액션 연출법은 폴링과 스위밍이다. 배스가 있을 것이라고 판단되는 협소한 포인트에 떨어뜨리는 것만으로도 입질을 받을 수 있다. 스위밍은 바닥으로부터 웜리그를 띄운 채 끌어당겨 유영시킨다. 이때 낚싯대를 세우고 조작해야 밑걸림을 줄일 수 있다. 수초 줄기나 나뭇가지 등에 낚싯줄을 걸치게 하고 오랫동안 흔들어주는 셰이킹도 자주 사용하는 액션 연출법이다.

와키리그와 네꼬리그

와키리그는 스트레이트웜의 허리 정도에 바늘을 꿴 채비다. 와키는 '유별난, 특이한' 이란 뜻을 갖고 있다. 걸림을 줄여주는 위드가드가 달린 전용 바늘을 보통 사용하나 다운샷리그용 바늘을 사용해도 상관없다. 와키리그는 물속에 들어가면 바늘을 꿴 부위를 중심으로 'U' 형태로 구부러졌다가 펴지는 모습을 보이는데 이 모습이 배스에겐 허약한 물고기처럼 보이게 하여 공격을 유도한다.

네꼬리그는 와키리그의 웜 한쪽에 나사 형태의 인서트싱커를 삽입한 것이다. 네꼬리그는 일본의 프로 낚시인이 개발한 채비법으로 네꼬리그에서 네꼬(根こ)는 '뿌리째 뽑음, 송두리째'라는 뜻을 갖고 있다. 바닥에 닿으면 인서트싱커가 삽입된 웜 한쪽이 바닥에 닿아 셰이킹 액션을 주면 바닥을 쪼는 물고기 모습을 연출한다. 네꼬리그용 고무링을 웜에 끼운 뒤 그 고무링에 바늘을 끼워서 사용한다.

카이젤리그

웜 중간에 지그헤드를 꿴 채비다. 물속의 웜 액션이 카이저 황제의 콧수염과 비슷하다고 해서 카이젤리그만 이름이 붙었다. 국내 프로 낚시인인 전우용 씨가 개발한 채비로서 우리나라는 물론 일본에서도 많이 쓰이고 있다.

카이젤리그의 장점은 수중 낙하할 때 웜이 하늘거리며 다른 채비에선 보지 못한 액션이 나타난다는 것이다. 바닥에 떨어졌을 땐 바닥 상태를 잘 읽는 지그헤드의 특성이 그대로 발휘된다. 지그헤드 바늘이 위로 향하고 있어 입걸림도 잘 된다.

지그헤드를 무겁게 쓰면 캐스팅 거리도 어느 정도 확보할 수 있어 포인트를 탐색하기도 쉽다. 보통 1/16온스 지그헤드를 많이 사용한다. 캐스팅 뒤 착수 후 입질을 기다린 다음 루어가 바닥에 닿으면 셰이킹 동작을 반복하며 천천히 루어를 감아 들이는 게 낚시 방법이다.

프리지그

바늘에 봉돌이 달려 있는 채비다. 바늘과 봉돌이 합쳐졌다는 점에서 지그헤드와 비슷해 보이지만 낚싯줄을 연결하는 바늘구멍에 봉돌을 달아 자유롭게 움직이게 했다는 것이 특징이다. 프로 낚시인인 이상우 씨가 이 채비를 개발했고 2000년대 중반 배스프로 토너먼트에서 연속 우승을 차지하며 유명해졌다.

프리지그는 덜렁거리는 봉돌이 핵심이다. 바닥을 끌 때나 장애물에 튕겨져 오를 때 덜렁거리는 봉돌이 기존의 채비와 다른 움직임을 연출한다. 보통 1/8온스나 1/4온스 봉돌이 달린 바늘을 사용한다. 웜은 새우나 가재 등 갑각류를 닮은 형태가 효과를 보인다. 이름이 비슷한 프리리그는 봉돌이 바늘에 붙어 있지 않고 낚싯줄에 끼워 자유롭게 오갈 수 있게 만든 채비다. 혼동하지 말기를.

나무나 플라스틱 등의 소재로 만든 루어를 하드베이트라고 부른다.

미노우 또는 저크베이트

미노우는 피라미와 같은 작은 물고기를 뜻한다. 배스가 먹잇감으로 삼는 작은 물고기를 모방해 만든 루어라고 이해하면 되겠다. 주로 사용하는 액션이 낚싯대를 옆으로 주욱 당긴 뒤 감아 들이는 저킹이어서 저크베이트라고도 부른다.

50~110mm 길이를 많이 쓰고 비중과 잠행수심으로 분류한다. 비중은 물에 뜨느냐 가라앉느냐를 결정한다. 물에 뜨는 플로팅, 수중에서 아주 서서히 떠오르는 서스펜딩, 가라앉는 싱킹으로 나뉜다. 잠행수심은 릴링을 하면 어느 정도 수심까지 파고드느냐를 말한다. 루어 앞쪽에 달린 투명한 플락스틱 소재의 립이 길수록 깊게 잠수한다. 립이 매우 긴 미노우를 롱빌미노우라고 부른다.

크랭크베이트

미노우가 피라미 형태라면 크랭크베이트는 살찐 금붕어를 닮았다. 립은 미노우보다 길고 넓으며 물속에서 감아 들이는 것만으로도 입질을 받을 수 있다. 일부러 물의 저항을 크게 받을 수 있도록 설계하여 릴링을 하면 좌우로 흔들리며 큰 파장을 일으킨다.

립의 길이에 따라 분류할 수 있는데 잠행수심이 깊지 않아 표층에서만 움직이는 크랭크베이트를 따로 샐로우 크랭크베이트라고 부르며, 립이 아주 커서 깊이 잠수하는 크랭크베이트를 딥다이버라고 부른다. 크랭크베이트를 활용하는 낚시 방법을 크랭킹이라고 하는데 이를 전문적으로 하는 마니아들이 많다. 크랭크베이트는 물의 저항을 많이 받는 루어여서 이에 맞는 전용 장비가 필요하다.

바이브레이션

이름 그대로 릴링을 하면 온몸을 떨면서 움직이는 루어다. 외형만 보면 크랭크베이트를 닮았다. 립이 달려 있지 않은 크랭크베이트라는 뜻으로 립리스 크랭크베이트라고도 부른다. 미노우나 크랭크베이트는 낚싯줄을 연결하는 고리가 립에 달려 있는 반면, 바이브레이션은 등 쪽에 달려 있는 것도 특징이다. 대부분 물에 가라앉은 싱킹 타입으로서 움직일 때 소리가 나도록 몸체 안에 래틀이라 부르는 작은 구슬을 삽입하기도 한다.

캐스팅한 뒤 일정 수심까지 가라앉게 한 다음 릴링을 시작하는 식으로 낚시를 한다. 빠르게 물속을 유영하므로 다양한 수심을 빠른 시간에 탐색할 수 있다는 게 장점이다.

러버지그

무거운 지그헤드에 스커트가 달린 루어라고 이해하면 되겠다. 러버지그는 배스의 먹잇감과는 닮지 않은 형태이긴 하지만 바닥층을 공략할 때 매우 위력을 보인다. 바늘에 솔같이 뻣뻣한 위드가드를 부착해 밑걸림도 별로 없다.

러버지그는 헤드의 형태에 따라 분류된다. 둥근 타입의 라운드헤드, 타원형의 풋볼헤드, 한쪽 면이 평평한 코브라헤드로 나뉜다. 보통 러버지그 하나만 쓰지 않고 바늘에 웜을 덧달아 쓰는데, 이 덧다는 웜을 트레일러라고 부른다.

바닥에 떨어뜨린 뒤 낚싯대를 흔들어 튕겨주는 호핑, 바닥을 끌어주는 크롤링 등의 액션으로 입질을 유도한다.

스푼

둥그런 금속판에 바늘을 단 형태의 루어로서 배스를 비롯해 쏘가리, 꺽지, 송어 등 다양한 루어 대상어를 노릴 때 쓴다. 단순하면서도 무거워 멀리 던질 수 있다. 배스가 깊은 수심에 있어 먼 거리를 노려야 하는 겨울에 많이 사용한다.

스푼의 장점은 금속 루어 특유의 반짝임이다. 물속에서 떨어지거나 움직일 때 번쩍번쩍하며 물고기가 방향을 틀 때의 모습을 연상시키는데 이를 플래싱 효과라고 부른다. 일정한 수심까지 가라앉은 뒤 단순 리트리브를 하거나 잠깐잠깐 멈추는 식으로 입질을 유도한다.

메탈지그

금속으로 만든 지그란 뜻으로 둥글고 길쭉한 금속 몸체에 트레블훅이 달린 루어다. 메탈지그는 보통 겨울에 보트낚시에서 깊은 수심을 노릴 때 사용한다. 스푼과 마찬가지로 움직임을 보일 때마다 금속 특유의 번쩍이는 효과를 내는데 배스의 먹잇감 중 하나인 빙어와 닮았다. 20~40g을 주로 사용한다.

보트낚시 루어로만 여겨졌던 메탈지그는 연안낚시에서도 활용할 수 있다. 바다에서 캐스팅용으로 개발된 메탈지그를 캐스팅지그라고 부르는데 이를 활용하는 것이다. 대신 루어에 달려 있던 바늘 3개의 트레블훅을 떼어내고 바다낚시에서 쓰는 바늘 하나짜리 싱글훅을 달아줘야 밑걸림을 막을 수 있다.

보트에선 메탈지그를 바닥까지 내린 뒤 일정한 폭으로 올렸다 내렸다를 반복하는 수직 지깅을 한다. 연안낚시에선 캐스팅 후 폴링에 입질이 들어온다.

메탈바이브

메탈바이브는 메탈 바이브레이션의 줄인 말로서 금속 소재로 만든 바이브레이션을 말한다. 보디 뒤쪽에 블레이드가 달린 금속 소재의 바이브레이션을 블레이드베이트 또는 스핀바이브라고 부른다. 대부분 물에 가라앉는 싱킹 타입으로 5~7cm 크기로 제작되어 10g부터 20g 사이의 루어를 많이 사용한다.

메탈바이브의 장점은 무겁기 때문에 멀리 날아가고 다른 루어와 비교해 회수하기까지의 시간이 짧아 포인트 탐색을 하는 데 유리하다는 것이다.

메탈바이브를 가장 많이 쓰는 시기는 겨울이다. 배스가 얕은 연안에 머물지 않고 깊은 수심에 들어가 먼 거리에 떨어져 있기 때문이다. 평평한 지형이 넓게 퍼져 있는 포인트에서 사용하면 유리하다.

기본 운용법은 그냥 감아 들이는 리트리브다. 최대한 멀리 캐스팅한 뒤 루어가 착수하면 그대로 놓아 두었다가 루어가 바닥에 닿으면 낚싯대를 한 번 세워준 후 낚싯줄을 감아 들인다. 입질은 여윳줄을 감을 때 낚싯줄을 가져가는 식으로 들어오는데 그때 챔질을 한다.

채터베이트

러버지그를 연상시키는 몸체에 육각형 또는 원형 블레이드를 헤드 앞쪽에 조합한 루어다. 첫 인상은 러버지그를 연상시키지만 액션이나 활용 방법은 다르다. 가장 큰 특징은 릴링만으로 나오는 강력한 진동과 파동, 그리고 화려한 액션이다.

배스가 중층이나 상층을 향해 있을 때 위력을 발휘한다. 강력과 진동과 파동으로 배스의 공격성을 자극해 입질을 유도한다. 또 물색이 탁하거나 바람이 불어 수면에 파도가 일고 있는 상황, 바닥에 수초나 육초가 깔려 있는 지역에서 활용해도 효과를 볼 수 있다.

기본 운용법은 멀리 던진 뒤 천천히 감아 들이는 것이다. 강력하고 반사적인 입질이 들어오는 경우가 많아 헛챔질이 많이 생기는 게 단점인데 이는 트레일러훅으로 극복할 수 있다. 루어에 달려 있는 바늘에 또 하나의 바늘을 덧다는 것이다.

톱워터 루어
톱워터 루어란 수면에서 활용하는 루어로서 배스의 활성도가 높은 여름에 주로 사용한다.

버즈베이트
스피너베이트와 비슷하게 생긴 이 루어는 톱워터, 즉 수면에서 사용하는 대표적인 루어다. 스피너베이트와 차이가 있다면 스피버네이트는 블레이드가 달려 있고 버즈베이트는 프로펠러가 달려 있다는 것이다. 버즈베이트의 프로펠러가 돌면서 수면에 거품과 소음을 낸다. '버즈'는 '윙윙거리다' 등의 뜻을 갖고 있다. 물보라와 소음을 통해 배스를 자극하여 공격하게끔 만든다.
운용 방법은 일정한 속도로 릴링을 해주는 스테디 리트리브다. 주의할 것은 리트리브 속도가 느리면 가라앉고 또 빠르면 부상해서 원하는 물보라와 소음을 낼 수 없다는 것이다. 연안에 두터운 수초대가 길게 깔려 있고 그 속에 배스가 숨어 있을 경우, 빠르게 탐색하며 입질을 노리려 한다면 버즈베이트가 적합한 루어다.

폽퍼
작은 물고기 형태를 띠고 있지만 루어 몸체의 머리 쪽이 오목하게 파여 있는 루어다. 민물과 바다에 두루 쓰이지만 배스용은 대개 뒤쪽에 털이 달려 있는 게 특징이다. 오목하게 패인 부분이 물의 저항을 받으면 "팝팝"하는 독특한 소리와 함께 물거품을 낸다. 수면 아래에 있는 배스의 입장에선 허우적거리는 먹잇감으로 보인다.
낚싯대를 주욱 세워서 끌어 당겼다가 멈추는 스톱앤고가 기본 운용술이다. 여윳줄을 감은 뒤 다시 이 과정을 반복한다. 좀 더 큰 액션으로 입질을 유도하려 한다면 폽핑 액션을 활용한다. 낚싯대를 큰 폭으로 움직여 몸체 앞쪽의 움푹 파인 컵 부위로 물을 퍼내면서 소리와 함께 물거품을 내게 하는 방법이다.

펜슬베이트
이름 그대로 연필 모양을 닮은 루어다. 막대기처럼 생겼다고 해서 스틱베이트라고도 부른다. 립이나 컵 등 외형의 변화 없이 단순하고 매끈한 몸매로 슥슥 수면을 헤치는 모습이 살아 움직이는 작은 물고기를 연상시키고 배스의 사냥 욕구를 불러 일으킨다. 얕은 수심에서 배스의 먹이활동이 활발할 때 위력을 발휘한다.
수면에 떠있는 자세에 따라 수평으로 뜨는 형태와 수직으로 뜨는 형태가 있다. 대표적인 액션은 워킹더독이다. 개가 좌우로 머리를 흔들며 걸어간다는 뜻의 이 액션을 주면 펜슬베이트가 좌우로 고개를 내저으며 일정한 속도로 움직인다. 잡고 있는 낚싯대를 손목만을 이용해 가볍게 튕기듯 움직여 주면서 사이사이 늘어진 낚싯줄을 감아 들인다.

크롤러
커다란 두 개의 날개를 가지고 수면을 기어 다니는 형상을 연출하는 톱워터 루어다. 스위머 또는 워블러라고 부른다. 크롤러의 뜻은 '기어다니는 것'이다. 크롤러는 프롭베이트와 만찬가지로 배스의 공격 본능을 자극하는 루어다. 두 개의 날개로 수면에서 강한 자극을 만들어 배스로 하여금 '먹고 싶다'고 판단하게 만들 뿐만 아니라 '뭐가 이렇게 시끄러워'라고 자극하여 공격을 유발시킨다.
배스가 있을 것이라고 생각되는데 수초 같은 은폐물이 있을 경우 그 포인트를 집중적으로 공략하는 데 효과적이다. 루어를 은폐물에 넘겨 던진 뒤 그곳을 지나치게 하는 게 운용 방법. 공격을 할 때까지 반복해서 운용한다. 배스의 활성도가 높은 여름밤에 사용하면 효과가 크다. 배스의 주의를 끌어 입질을 유도한다.

프롭베이트

펜슬베이트보다 짧은 몸통의 앞이나 뒤쪽에 알루미늄, 황동 등의 금속 소재의 프로펠러가 달려 있는 루어다. 수면에서 루어를 끌어주면 물의 저항을 받은 프로펠러가 돌면서 소음과 물보라를 일으키며 입질을 유도한다. 다른 루어가 먹잇감이 유사한 모습으로 입질을 유도한다면 프롭베이트는 배스의 짜증과 분노를 자극해 공격하게 만든다.

프롭베이트의 핵심은 프로펠러의 생김새와 회전감이다. 프로펠러가 가늘고 재질이 강할수록 물을 가르는 기능이 뛰어나 물보라와 함께 소음을 발생시킨다. 프로펠러가 하나만 달린 루어는 기울어져 뜨고 앞뒤에 하나씩 달려 두 개인 루어는 수평으로 떠 있는 것이 보통이다. 기본 운용술은 릴링하다가 멈추는 스톱앤고다. 배스가 있을 만한 포인트에선 저킹하듯 낚싯대를 주욱 끌어주는 동작도 효과적이다.

그밖에

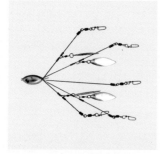

앨라배마리그

우산살 형태로 뻗어 나온 5개 혹은 3개의 강선으로 이뤄진 채비다. 무리지어 다니는 먹이고기를 흉내 낸 이 채비는 2011년 미국에서 선풍적인 인기를 얻은 뒤 국내에 상륙했다. 프로 낚시인 폴 앨리어스가 사용해 여러 낚시대회에서 우승을 차지한 게 계기가 됐는데 곧이어 우리나라의 프로 선수들도 토너먼트에서 사용해 위력을 확인했다.

보트낚시에서 사용하는 채비로 알려졌던 이 루어는 연안낚시에서도 가능성을 보이며 사용하는 낚시인들이 조금씩 늘고 있다. 겨울철 배스의 주 먹이인 빙어가 서식하는 댐호에서 주로 사용하는데 문제는 이 채비를 운용하기가 쉽지 않다는 것. 공략하고자 하는 수심층에 일정하게 유영시켜야 하는데 그에 맞는 전용 장비와 함께 오랜 낚시 경험이 필요하다.

프로그와 빅베이트

어느 취미든 경험이 쌓이고 관련 용품을 쓰다 보면 자신의 스타일이나 취향에 딱 맞아 더 깊이 빠져드는 분야가 생긴다. 다른 것은 보지 않고 그 하나에 빠져드는 사람들을 두고 우리는 '덕후' 또는 '마니아'라고 부른다.

배스낚시에도 분야별 마니아들이 있다. 대표적인 마니아 분야를 꼽는다면 프로그피싱과 빅베이트피싱을 들 수 있다. 이 낚시를 즐기는 마니아들의 태클박스엔 당연히 프로그와 빅베이트가 들어 있으며 기법과 루어를 연구하는 데 있어 열정적이다. 1년에 몇 번씩 전국 모임을 가지면서 정보를 나누고 있다.

스커트가 달린 배스용 프로그 루어.

배스가 수면의 프로그 덮치는 모습 압권

프로그는 개구리 형태의 톱워터 루어로 속이 비어 있는 게 특징이다. 꼬리 쪽에 하나 또는 두 개의 바늘이 달려 있다. 배스가 수면에 떠 있는 먹잇감을 노리는 시즌, 즉 늦봄부터 늦가을에 이르는 시기에 사용한다. 일반 루어는 감히 공략할 엄두를 못 내는 밀생한 수초대, 헤비커버에서 진가를 발휘하면서 배스낚시인들의 인기를 모으고 있다. "펑"하고 수면을 때리는 배스의 파상적인 공격 과정은 짜릿하기만 하다.

프로그는 원래 가물치 루어낚시용 루어였다. 배스낚시인들의 지지를 받으면서 기존의 개구리 형태를 벗어나 폽퍼형, 스틱베이트형이 등장했고 더 나아가 오리발처럼 패들이 달린 스위밍테일형도 선을 보였다. 현재 프로그피싱은 계속 진화 중이다.

많이 잡기보다는 빅베이트로 한 방

빅베이트란 말 그대로 큰 루어를 말한다. 보통 6인치 이상, 15cm 이상 크기에 무게는 2온스, 57g을 넘는 루어를 말한다.

빅베이트 마니아들은 빅베이트를 선호하는 이유에 대해 낚시 자체가 재미있기 때문이라고 말한다. 이들은 배스를 많이 잡기보다는 자신이 좋아하는 빅베이트로 배스를 잡기를 원한다. 빅베이트는 사실 일반 루어보다 배스를 잡기 까다로운 게 사실이다. 빅베이트에 더 입질이 잘 들어오는 상황도 있지만 그런 경우는 매우 드물다. 따라서 자신의 만족감이 더 큰 낚시가 빅베이트피싱이라 설명할 수 있다.

빅베이트는 크게 스윔베이트와 글라이드베이트로 분류된다. 스윔베이트가 먼저 세상에 나왔다. 스윔베이트는 살아 있는 물고기처럼 만든 루어다. 배스가 먹잇감으로 삼는 물고기의 모양과 액션을 모방해서 만든 루어로서 웜과 같이 말랑말랑한 소재로 만들었다. 스윔베이트보다 나중에 나온 글라이드베이트는 딱딱한 플라스틱 등과 같은 소재로 만들었으며 몸체를 절반 또는 삼등분하여 관절을 넣은 게 특징이다. 이 관절로 인해 물속의 루어는 더욱 사실적으로 움직인다. 이렇게 관절이 있는 하드베이트를 조인트플러그라고 부른다.

스윔베이트(좌)와 글라이드베이트

루어·소품 수납

웜리그와 소품은 플라스틱 소재의 낚시 전용 태클박스에 보관한다. 메이호 820ND가 낚시인들이 많이 사용하는 제품이다. 두 개를 구입해서 하나는 웜을 수납하고 또 하나는 웜리그에 사용하는 바늘, 싱커 등을 수납하는 용도로 사용한다.

태클박스를 살펴보면 칸막이를 끼웠다 뺄 수 있어 칸막이의 간격을 조절할 수 있다. 웜의 종류와 길이에 맞춰 칸막이를 조정한 뒤 수납한다.

소품은 종류가 다양하므로 수납 공간이 많이 필요하다. 바늘의 크기와 종류별로, 싱커의 형태와 무게별로 분류해 보관할 수 있도록 칸막이를 조립한다. 낚시를 배워가면서 소품은 계속 늘어가기 때문에 수납 공간은 넉넉히 마련해두는 게 좋다.

바늘과 싱커 수납엔 스펀지가 요긴하게 쓰인다. 싱커를 담고 그 위에 잘라낸 스펀지를 얹으면 이동할 때 나는 불필요한 소음을 줄일 수 있다. 스펀지를 라이터 크기 정도로 잘라 같은 종류, 같은 크기의 바늘을 꽂아 정리하면 필요할 때 쉽게 빼내 쓸 수 있다.

스피너베이트는 수세미 활용

스피너베이트는 전용 수납 지갑이 출시되어 있지만 밀폐형이어서 수분이 잘 마르지 않아 금속으로 되어 있는 블레이드나 소품에 녹이 슨다는 단점이 있다. 스피너베이트와 같은 루어는 적당한 크기의 플라스틱 박스를 구입해 수세미를 넣어 정리하는 것으로 효율적으로 수납할 수 있다. 수세미는 루어끼리 부딪혀 내는 소음을 잡아줄 뿐만 아니라 수세미 재질상 어느 정도 통풍이 되기 때문에 건조하는 데도 도움이 된다. 플라스틱 박스에 임의로 구멍을 조금씩 뚫어줘서 밀폐가 되지 않도록 한다.

봉돌, 바늘 등 소품별로 분류 수납한 태클박스. 라이터 크기의 스펀지를 함께 넣어 두면 소음을 줄일 수 있다.

플라스틱 박스에 수세미와 함께 수납한 스피너베이트.

폐낚싯줄은 지퍼백에

낚시 중 채비를 교체하게 되면 잘린 웜이나 낚싯줄이 쓰레기로 남게 된다. 특히 못 쓰는 낚싯줄은 처리하기가 여간 귀찮은 일이 아니어서 그냥 버리는 낚시인도 많다. 폐낚싯줄은 반드시 사라져야 할 낚시터 쓰레기다. 이럴 때는 주방에서 사용하는 지퍼백을 활용하면 편리하다. 잘라낸 채비를 별도의 지퍼백에 넣어 보관한 뒤 낚시를 마치고 바늘과 싱커를 분리해 건조하면 다음에 낚시할 때에도 최상의 상태로 다시 사용할 수 있다.

백래시 엉킨 줄 푸는 두 가지 방법

백래시가 발생했을 때엔 간단한 조작만으로 엉킨 낚시줄을 풀 수 있다.
낚싯줄에 손을 대지 않는 방법과 낚싯줄에 손을 대는 방법 두 가지다.
첫 번째 방법을 써도 풀리지 않는다면 두 번째 방법을 사용한다.

낚싯줄에 손을 대지 않는 방법

1 스풀 위로 엉켜 늘어진 낚싯줄을 엄지손가락으로 스풀에 닿지 않게 살짝 누른 상태에서 핸들을 두 바퀴 돌린다. 이렇게 하면 엉킨 낚싯줄 밑에 있는 속줄부터 겉줄까지 감기게된다.

2 메커니컬 브레이크를 조여준다. 메커니컬 브레이크를 조여 주는 이유는 다음 동작에서 레벨와인더를 빠져나가는 낚싯줄보다 스풀이 먼저 돌지 않도록 하기 위해서다.

3 클러치를 누른 상태에서 스풀에 손이 닿지 않도록 주의하면서 레벨와인더에서 낚싯대 팁 쪽으로 낚싯줄을 빼낸다. 이때 스풀이 역회전하면 메커니컬 브레이크를 더 조여준다.

4 낚싯줄이 빠져나오다가 걸리면 낚싯줄이 풀릴 때까지 1~3 동작을 반복한다.

5 낚싯줄이 걸림 없이 다 풀리면 낚시줄을 잡고 팽팽한 상태로 핸들을 돌려 감아 들인다.

낚싯줄에 손을 대는 방법

1 메커니컬 브레이크를 조여 놓은 상태에서 스타드랙을 완전히 조인다.

2 엄지손가락으로 밀어내듯이 엉킨 낚싯줄을 스풀에 밀착시킨다.

3 핸들을 5~6회 돌린다.

4 레벨와인더에서 낚싯대 끝쪽으로 낚싯줄을 빼낸 뒤 첫번째 방법으로 낚싯줄을 풀어낸다.

배스 프로의 세계

경북 안동호 주진광장에서 열린 배스프로토너먼트 시상식.

많은 스포츠에 프로가 있듯 배스낚시에서도 프로가 있다. 그런데 프로란 호칭을 달 수 있는 기준이 바둑이나 골프처럼 엄격하지는 않다. 따로 자격 시험을 치르거나 일정 커리어를 쌓아야 하는 것은 아니라는 얘기다. 배스낚시에서 프로로 활동하는 케이스는 낚시용품을 생산하는 조구업체와 프로스탭 계약을 맺는 것이 하나이고, 또 하나는 배스프로토너먼트에서 활동하는 것이다.

프로스탭 계약은 조구업체에서 자사 제품을 홍보하고 브랜드 가치를 높이기 위해 한다. 경우에 따라서는 프로스탭이 낚싯대, 릴, 루어 등 낚시용품 개발에 참여하고 일정 금액을 받기도 한다.

대부분의 프로스탭은 연봉 계약을 맺듯 돈을 받지는 않는다. 자신이 사용할 낚시용품을 지원 받고 방송 촬영이나 잡지 기고 등의 활동 내용에 따라 활동비를 지원받기도 한다.

조구업체에선 보통 서너 명 정도와 프로스탭 계약을 맺는데 낚시인 중에서 실력이나 명성에 있어 상위에 드는 사람들 중에 선별한다.

KSA, KB, LFA

배스낚시 프로들이 가장 많이 활동하는 무대는 배스프로토너먼트다. 조구업체에선 토너먼트에 출전하는 프로 중 프로스탭 계약을 맺는 일이 많다.

배스프로토너먼트란 상금을 놓고 정해진 경기 규칙에 따라 낚시 실력을 겨루는 무대다. 보트를 타고 경기가 이뤄지며 1년에 5~6회 정규 경기를 치른다. 매 토너먼트 우승 상금은 300만~1000만원에 이른다. 조구업체와 프로스탭 계약을 맺지 않아도 상금과 함께 자신의 기량을 증명하기 위해 배스프로토너먼트에 나서며 이들을 모두 프로라고 부른다.

한국프로축구연맹이 K리그를 운영하듯 배스프로토너먼트를 운영하는 단체가 우리나라엔 세 개가 있다.

한국스포츠피싱협회(KSA)는 우리나라에 가장 오래된 배스단체다. 1995년 한국배스연맹(KBF)이란 이름으로 창립하여 현재에 이르고 있으며 주로 경북 안동호에서 대회를 치르고 있다.

한국배스프로협회(KB)는 1996년 일본배스프로협회 한국지부(JBK)로 창립했다. 2003년 현재의 단체 명을 갖게 됐으며 경기 평택호에서 대회가 주로 열리고 있다.

한국루어낚시협회(LFA)는 2014년 창립한 배스프로단체로 경북 안동호와 충북 충주호에서 대회를 치르고 있다.

배스프로토너먼트에 참가하고 싶으면 해당 단체에 가입 신청을 하고 회비를 내면 된다. 보트낚시로 경기가 치러지기 때문에 보트를 소유하고 있어야 한다. 고마력 엔진이 달린 보트 한 척의 가격은 중고라 하더라도 2천만원대에 이른다. 이러한 보트를 운항하기 위해서는 동력수상레저 조종면허가 있어야 한다.

당신이 알고 있어야 할
전국 유명 배스낚시터 30

◈ 한강

서울 시내를 가로지르는 한강은 그 자체로 훌륭한 낚시터다. 낚시를 금지하고 있는 구간이 있으므로 미리 알고 가야 한다. 대표적인 낚시터는 지하철 2호선 당산역, 뚝섬역, 종합운동장역, 신천역 4곳 주변으로서 지하철에서 내려 걸어서 낚시할 수 있다. 차를 타고 간다면 잠실대교 주변의 뚝섬지구가 최고 명당이다.

◈ 용인 송전지

경기도 용인시 이동면 어비리에 있다. 수면적 98만평. 경기도에서 안성 고삼지와 함께 배스를 낚을 수 있는 가장 큰 저수지다. 붕어낚시용 수상좌대들이 곳곳에 떠 있는데 그 주변을 중심으로 포인트가 형성되어 있다. 사계절좌대집, 수원좌대집, 남산좌대집 앞 등이 유명 포인트다.

현지 문의 **탑앵글러** 031-677-7221

◈ 안성 고삼지

경기도 안성시 고삼면 월향리에 있다. 수면적 82만7천평. 3월이나 4월보다는 논에 물을 대기 위해 배수를 한 뒤인 5월부터 장마 전까지 배스가 잘 낚이는 곳이다. 이곳 역시 송전지처럼 붕어낚시용 수상좌대 중심으로 포인트가 펼쳐져 있다. 그중 양촌좌대는 배스 포인트가 많고 식사도 겸할 수 있는 아지트라 할 수 있다.

현지 문의 **양촌좌대** 031-672-3752

◈ 춘천호

강원도 춘천시와 강원도 화천읍에 걸쳐 있다. 수면적 433만2천평. 다른 낚시터에 비해 조황 기복이 심하고 배스 잡기가 쉽지 않지만 탁 트인 호반에서 즐기는 배스낚시는 또다른 즐거움을 안겨줄 것이다. 추천 포인트로는 원평리, 붕어섬, 거래리 테니스장, 거일리 등이 있다. 이 중 낚시대회가 많이 열리는 붕어섬을 가보자. 검색하면 조황 정보도 많고 가기도 쉽다.

인터넷지도 검색 명 **화천 붕어섬**

◈ 의암호

강원도 춘천시에 있다. 수면적 453만8천평. 지금은 모두 철거된 붕어좌대집 자리에 포인트가 많다. 고구마섬, 상중도, 공지천, 구 자갈섬낚시터, 구 호반낚시터, 서면 도서관 앞 등이 대표적인 포인트로 이 중 낚시대회가 자주 열리고 포인트 구간이 넓은 구 호반낚시터를 추천.

인터넷지도 검색 주소 춘천시 송암동 703-12

◈ 파로호

강원도 화천군 간동면 구만리에 있다. 수면적은 1154만평. 우리나라 가장 북쪽에 있는 대형호수로서 산세가 가파르고 진입로가 험해 육로로 진입할 수 있는 포인트가 많지는 않다. 양구읍 월명리 배터에서 보트를 많이 띄운다. 도보낚시 포인트는 양구선사박물관 앞을 추천.

인터넷지도 검색 주소 양구읍 월명리 692-1(월명리 배터) / 양구읍 하리 510(양구선사박물관 앞)

배스낚시인들에게 잘 알려져 있는 배스낚시터 30곳을 소개한다.
배스는 전국에 퍼져 있어 오가는 길에 만나는 개천이나 작은 저수지에서도 잡을 수 있다.
여기 소개하는 배스낚시터는 배스낚시인이면 알고 있어야 할 유명 낚시터로서 자원이 풍부해 큰 배스가
잘 낚이고 대박 조황도 종종 터지는 곳이다.

◈ 아산호(평택호)

충남 아산과 경기도 평택 사이의 강 하구를 막아서 생긴 대형 간척호. 호수를 사이에 두고 북쪽은 평택시, 남쪽은 아산시이다. 정식 명칭은 아산호이나 낚시인에겐 평택호로 더 많이 불린다. 창내리, 당거리, 팽성대교 주변, 안성천 등 포인트가 즐비하다. 가장 먼저 들러볼 것은 북쪽 연안인 당거리선착장 주변. 낚시대회가 많이 열리고 배스도 많다.

인터넷지도 검색 주소 **오성면 당거리 225-1**

◈ 예산 예당지

충남 예산군에 있다. 수면적 329만3천평. 우리나라 최대 크기의 저수지다. 저수지 연안의 형세가 험하지 않고 저수지변을 따라 도로가 닦여 있어 차에서 내려 바로 낚시할 수 있다. 대표적인 포인트로는 슈퍼포인트, 새물좌대 주변, 장전좌대 주변, 무봉교, 동산교 등이 있으며 추천 포인트는 슈퍼포인트 앞. 예당지를 찾는 낚시인이면 꼭 들러보는 곳이다.

인터넷지도 검색 주소 **대흥면 신속리 6**

◈ 서산 대호

충남 당진과 서산에 걸쳐 있는 수면적 870만평의 대형 간척호수. 드넓은 본류와 함께 나무뿌리처럼 뻗어 있는 지류 곳곳에 포인트가 형성되어 있다. 대표적인 포인트로는 삼봉지, 해창지, 대요수로, 대산수로 등이 있으며 추천 포인트는 해창지. 상류 쪽의 삼봉지와 하류 쪽 대호대교로 이어지는 본류 연안을 오가며 낚시할 수 있는 장점이 있다.

인터넷지도 검색 주소 **석문면 대호로 1081(해창지)**

◈ 서산 팔봉수로

충남 서산시 팔봉면 덕송리에 있다. 길이 2km. 바다를 막아 만든 중형 간척수로다. 수로 전 연안을 차량으로 이동할 수 있으며 연안 쪽에는 갈대, 부들 등 수초가 잘 발달해 있다. 한여름엔 수초가 수면을 덮고 있어 낚시하기 힘들고 3월과 늦가을~초겨울에 조황이 좋다.

인터넷지도 검색 주소 **태안읍 진벌로 703-6**

◈ 서천 부사호

충남 서천군 서면 부사리에 있다. 수면적 123만평. 충남 서천군 서면과 보령시 웅천읍, 주산면에 걸쳐 있는 간척호다. 초봄과 늦가을에 씨알 굵은 배스가 낚인다. 유입천은 웅천천, 상류 잔디포, 하류 소황교, 우안 지류 증산교 일대가 포인트로 잘 알려져 있다. 웅천천은 한겨울에도 배스가 낚이는 곳으로 유명하다.

내비게이션 입력 명 **부사호 낚시마트**

◈ 서천 축동지

충남 서천군 한산면 축동리에 있다. 수면적은 24만6천평. 얼음이 채 녹기 전인 해빙기부터 3월에 이르기까지 배스가 잘 낚이는 곳으로 유명하다. 가까운 곳보다는 먼 거리에서 입질이 들어오므로 장타용 채비가 필요하며 논둑과 작은 개울을 건너는 일도 있으므로 장화가 필요하다. 한여름엔 마름이 수면을 덮어 커버피싱을 하기에도 좋다. 추천 포인트는 우안 상류 연안.

인터넷지도 검색 주소 **한산면 축동리 81**

◈ 논산 탑정호

충남 논산시 부적면 탑정리에 있다. 수면적 191만평. 논산지로도 불리는 이곳은 예산 예당지에 이어 우리나라에서 두 번째로 큰 저수지다. 포인트는 상류에 집중되어 있는데 유입천인 논산천부터 상류에 길게 뻗어 있는 골재채취장까지 고르게 입질을 받을 수 있다. 밸리피싱캠핑장이 부근에 있어 캠핑과 배스낚시를 병행할 수 있다.

인터넷지도 검색 주소 **가야곡면 병암리 109**

◈ 충주 탄금호

충북 충주시 금가면 월상리에 있다. 수면적 71만평. 충주호에서 방류하는 물을 조절해 남한강으로 내보내는 보조댐으로서 조정지댐이라고도 불린다. 국제조정경기장을 만들어 놓았는데 이곳에서 배스낚시대회가 자주 열린다. 낚이는 씨알은 크지 않으나 마릿수가 좋은 편이다. 노싱커리그와 네꼬리그에 반응이 좋다.

내비게이션 입력 명 **탄금호 국제조정경기장**

◈ 충주 충주호

충북 충주시 종민동. 수면적 2930만평. 우리나라 최대 수면의 다목적댐이다. 사실 이곳에서 배스를 낚기는 쉽지 않다. 충주호를 잘 아는 낚시인도 몰황을 겪는 경우가 허다하지만 일단 낚이면 50cm 이상이라 할 정도로 씨알이 굵고 손맛이 대단하다. 얼음이 녹는 해빙기부터 3월 중순까지가 피크 시즌. 가장 많이 알려져 있는 포인트는 동량면 지역으로서 추천 포인트는 붕어좌대집인 솔낚시터 앞 연안.

내비게이션 입력 명 **솔낚시터(동량면 서운리)**

◈ 진천 초평지

충북 진천군 초평면 화산리에 있다. 수면적 77만4천평. 충북을 대표하는 저수지로서 수심이 얕은 곳과 깊은 곳이 공존해있다. 봄보다는 모내기용 배수가 끝난 6월 이후 갈수위에 포인트가 많이 드러나고 큰 씨알도 낚인다. 낮낚시보다는 해거름부터 밤 10시에 이르는 밤낚시에 입질이 자주 들어온다. 추천 포인트는 하류를 가로질러 놓은 하늘다리 주변.

인터넷지도 검색 주소 **초평면 화산리 802-4(진천군 청소년수련장)**

◈ 진천 백곡지

충북 진천군 진천읍 건송리에 있다. 수면적 69만6천평. 수심 깊은 저수지로서 대부분의 연안이 가팔라서 낚시할 수 있는 구간이 한정적이다. 봄보다는 모내기용 물을 빼서 연안이 드러나는 6월 이후 조황이 좋으며 장마 때 큰 비가 온 뒤에도 좋은 조황을 보이곤 한다. 낚시를 많이 하는 포인트는 우안 상류의 건송교, 좌안 최상류, 좌안 하류 선착장 부근이다. 추천 포인트는 건송교.

인터넷지도 검색 주소 **진천읍 건송리 497-5(건송교)**

◈ 대청호

충북 청원군, 옥천군, 보은군, 대전광역시에 걸쳐 형성된 수면적 2200만평의 다목적댐이다. 우리나라에서 충주호, 소양호 다음으로 크다. 보호수면으로 지정되어 있는 구간이 많아 낚시할 수 있는 곳은 한정되어 있다. 보은 거신교, 보은 판장대교, 옥천 소옥천 등이 잘 알려져 있는 포인트로서 이 중 추천 포인트는 소옥천. 붕어낚시인도 많이 찾아 주말엔 이를 피해서 낚시해야 한다.

내비게이션 입력 명 **인포교(안내면 인포리)**

◈ 경북 안동호

경북 안동에 있는 수면적 1558만평의 다목적댐으로 우리나라 배스낚시의 메카다. 90년대 중반 배스 자원이 유입된 이후 많은 어자원이 형성됐으며 해마다 많은 낚시대회가 열리고 있다. 배스프로들이 정해진 경기 규칙에 따라 승부를 벌이는 프로토너먼트가 겨울을 제외하고 매주 치러지고 있다. 가장 유명하고 또 배스를 낚을 확률이 높은 포인트는 주진교 연안.

인터넷지도 검색 주소 **와룡면 농암로 1046(주진휴게소) 주진광장**

◈ 낙동강

경남북을 가로질러 흐르는 낙동강은 어디가 포인트라고 할 수 없을 정도로 곳곳에 낚시할 곳이 많다. 특히 4대강 보 공사 이후 물 흐름이 있는 강의 특징보다는 물 흐름이 적은 저수지의 특징이 더 강해지면서 전체적으로 수심이 깊어지고 수심이 얕았던 지류의 낚시 여건이 좋아졌다. 상주, 고령, 왜관, 창녕, 밀양 구간에서 낚시를 많이 한다. 낙동강 배스 포인트 정보를 얻고 싶다면 대구를 중심으로 활동하고 있는 DG배스클럽 카페 참조.

◈ 경남 합천호

경남 합천군에 있는 수면적 756만평의 다목적댐이다. 조황 기복이 심하고 진입로가 험해서 이곳을 잘 아는 낚시인이 아니라면 포인트를 찾기가 쉽지 않다. 죽죽리, 계산리, 봉계리 연안 등이 낚시인들이 많이 가는 포인트다. 이 중 찾아가기 쉽고 포인트 이동이 쉬운 곳은 봉산면소재지 앞 연안. 낚시대회가 자주 열리고 포인트 구간이 넓다.

인터넷지도 검색 주소 **봉산면 김봉리 352-6(포인트 진입로 입구 형제슈퍼)**

◈ 부산 조만강

조만강은 맥도강, 낙동강, 서낙동강과 함께 부산의 4대강으로 꼽히는 곳이다. 지류가 많고 배스를 포함해 붕어, 잉어 등 강고기가 많아 루어낚시인 외에도 다른 어종을 노리는 낚시인들도 자주 찾는 곳이다. 부산 낚시인들의 안방 낚시터라고 할 수 있다. 강 연안을 따라 도로가 잘 포장되어 있고 수변공원처럼 꽃나무들이 즐비해서 4월에 찾으면 벚꽃과 함께 배스낚시를 즐길 수 있다. 추천 포인트는 둔치교.

인터넷지도 검색 주소 **강서구 봉림동 763-1225(둔치교, 둔치도마을회관)**

◈ 부안 사산지

전북 부안군 주산면 사산리에 있다. 수면적 18만평. 전북을 대표하는 배스낚시터 중 한 곳으로 인근의 청호지, 고마지와 함께 부안 삼총사로 불린다. 이 중 고마지는 수변생태공원이 조성되면서 낚시하기가 어려워졌다. 청호지는 낚이면 씨알이 굵지만 조황 기복이 심한 편이다. 포인트 여건이나 조황에 있어서 사산지가 가장 앞선다. 추천 포인트는 최상류 곳부리. 주변에 지형지물이 없어 인터넷지도로 검색해서 찾아가기 바란다.

인터넷지도 검색 주소 **주산면 사산리 839-7**

◈ 부안 고부천

전북을 거쳐 서해로 흐르는 강은 금강, 만경강, 동진강 세 줄기다. 이들 낚시터의 특징은 봄이나 가을보다는 겨울에 낚시가 잘된다는 것이다. 농사가 끝난 강은 물을 쓰기보다는 봄 농사를 대비해 가둬놓은 경우가 많아 수량이 풍부해진다. 세 강의 포인트는 너무 많아 셀 수 없을 정도지만 한 곳을 고른다면 동진강의 지류인 고부천을 추천한다. 그중 하장갑문교가 시즌이 길고 조황이 꾸준한 편이다.

내비게이션 입력 명 **하장갑문교**

◇ 남원 요천

요천은 섬진강의 지류로서 남원 시가지를 가로질러 흐른다. 섬진강에도 배스가 많고 들러볼 포인트가 많음에도 불구하고 요천을 추천하는 이유는 접근성이 뛰어나고 조황 역시 꾸준한 곳이기 때문이다. 추천 포인트는 금송교로서 금송교 하류 연안이 낚시하기 좋다. 물이 맑고 크고 작은 돌들이 많이 박혀 있는데 여름엔 꺽지도 잘 낚인다. 금송교 하류로 내려가다 보면 아스콘공장이 나오고 그 앞에 보가 형성되어 있다. 항상 알맞은 수량이 유지되고 있는 1급 포인트다.

내비게이션 입력 명 **금송교(금지면 창산리)**

◇ 영광 불갑지

전남 영광군 불갑면 녹산리에 있다. 수면적 51만평. 전남에서 가장 큰 저수지로서 해마다 60cm 이상의 빅배스가 배출되는 곳이다. 2월에서 3월 사이에 큰 배스가 자주 낚여 전남으로 원정 출조를 하면 꼭 한 번 찾는 곳이 바로 불갑지다. 금계교를 시작으로 수변공원, 대나무밭, 갈록삼거리, 신천삼거리 등 포인트가 두루 있지만 큰 배스 한 방을 노리려 한다면 수변공원 정자 앞 포인트를 추천한다.

인터넷지도 검색 주소 **불갑면 방마리 산 34–5(수변공원 정자 앞 포인트)**

◇ 장성호

전남 장성군 북하면 용두리에 있다. 수면적 206만평. 4월에서 6월에 큰 배스가 자주 낚인다. 장성호는 남창골과 덕재리 두 곳의 상류가 있는데 수초대의 수몰 여부에 따라 조황을 가늠할 수 있다. 육초대가 잠기면 그 해엔 큰 배스가 잘 낚이며 호황을 보인다. 남창골은 5월에 최고의 시기를 맞는 대물 포인트로서 바닥이 모래와 자갈로 이루어져 있다. 덕재리는 낚시대회가 매년 열리는 곳으로 굵은 암반 연안이 특징이다. 두 곳 모두 꼭 낚시해봐야 할 포인트.

인터넷지도 검색 주소 **쌍웅교(남창골)와 덕재리 226–1(덕재리)**

◇ 영산강

영산강은 전남 담양군에서 발원해 광주, 나주, 영암 등지를 지나 서해로 흘러드는, 전남에서 가장 큰 강이다. 낚시인들이 영산강을 찾는 시기는 늦가을부터 이듬해 봄까지다. 115.5km에 이르는 긴 구간 중 두 곳을 꼽으라면 나주 죽산보 옆 수로와 식영정 앞을 추천한다. 나주 죽산보 옆 수로는 겨울에도 30~50cm 배스가 잘 낚이는 곳이고 식영정 앞은 찾기가 쉽고 마릿수가 뛰어나 '꽝'이 없는 곳이다.

인터넷지도 검색 주소 **다시면 죽산리 1175–9(죽산보 옆 수로)와 몽탄면 호반로 562–15(식영정)**

◇ 영암호와 금호호

우리나라 남도 서쪽 끝에 있는 대형 간척호다. 수면적 1447만평의 영암호는 전남 영암군 금호읍, 미암면, 계곡면에 걸쳐 있고 수면적 699만평의 금호호는 전남 해남군 산이면, 화원면, 황사면 등에 걸쳐 있다. 두 대형 간척호는 서로 붙어 있다. 방대한 수면적으로 인해 막상 가보면 어디를 가야할 지 막막할 정도다. 낚시인들이 가장 많이 찾는 포인트는 금호호 최상류인 연호수로를 중심으로 한 금자천 줄기다. 갈대 줄기에 배스가 박혀 있다고 할 정도로 자원이 풍부하다.

내비게이션 입력 명 **연호교(황산면 연호리)**

◇ 고흥 해창만수로

전남 고흥군 포두면 옥강리에 있다. 수면적 150만평. 낚시 경험이 쌓이다 보면 얘기를 많이 듣게 돼서 한 번은 꼭 가봐야겠구나 하고 생각하는 곳이 해창만수로다. 포인트가 많고 배스 자원도 풍부하다. 60cm 이상 배스도 많이 배출된다. 특히 겨울에 얼음이 어는 중부 지역을 피해 남녘 원정을 가게 되면 열 중 다섯 정도는 해창만수로를 찾곤 한다. 추천 포인트는 해창만방조제 도로변의 해창만오토캠핑장 옆 선착장 포인트와 해창대교.

내비게이션 입력 명 **해창만오토캠핑장(포두면 송산리)과 해창대교(포두면 남촌리)**

세계 기록은 일본 비와호산 10.12kg

전 세계로 퍼져 있는 배스는 기록에 있어서도 국제적으로 관리되고 있다.
우리나라에 서식하고 있는 배스 종인 노던라지마우스배스의 세계 최고 기록은 일본에서 나왔다.

우리나라에 서식하고 있는 배스 종인 노던라지마우스배스의 세계 기록은 2009년 7월 2일에 일본의 유명
배스낚시터인 비와호(琵琶湖)에서 낚인 73.5cm, 10.12kg이다. 낚은 이는 구리타 마나부(栗田学) 씨. 비와
호에는 10kg이 넘는 세계 최대의 배스가 살고 있다는 신념으로 낚시를 계속해 왔는데, 루어가 아닌 블루
길을 사용한 생미끼로 낚았다고 한다.

일본 내에서는 루어가 아닌 생미끼에 의한 조과라는 점과 대물 배스의 주인공을 불신하는 낚시인도 많아
한동안 논란이 일었다. 그러나 비와호에 실제로 거대한 배스가 존재한다는 것은 틀림없는 사실이 되었다.
이 배스는 IGFA에 세계 기록어로 신청되었고 올태클 부문에 공식 기록으로 올랐다. 종전의 기록은 1932
년에 죠지 페리가 낚은 22파운드4온스(10.09kg)이다. IGFA의 세계 기록은 최소한 2온스(약 56g)의 차이
가 나지 않는 한 기록 경신이라고 보지 않아 비와호 배스 기록은 세계 타이 기록으로 등재되었다.

국내 최고 기록은 전주 구이지 63.9cm

세계 기록을 관장하는 IGFA에선 중량으로 기록어를 선정하지만 우리나라는 길이가 기준이다. 국내 배스
최고 기록은 2009년 전주 아중지에서 낚인 63.9cm로서 전주 낚시인 김진성씨가 낚았다. 배스 초보인 김
진성씨는 생전 처음 아중지에서 배스낚시를 했는데 첫 낚시에서 국내 배스 최대어를 낚는 행운을 안았다.

배스 외 댐·저수지의 물고기들

우리가 배스낚시를 하다 보면 배스 외에도 다른 물고기가 함께 낚인다.
흐르지 않는 물인 댐과 저수지에서 낚시 중 만나게 될 물고기들을 살펴보자.

가물치

떡붕어

붕어

잉어

블루길

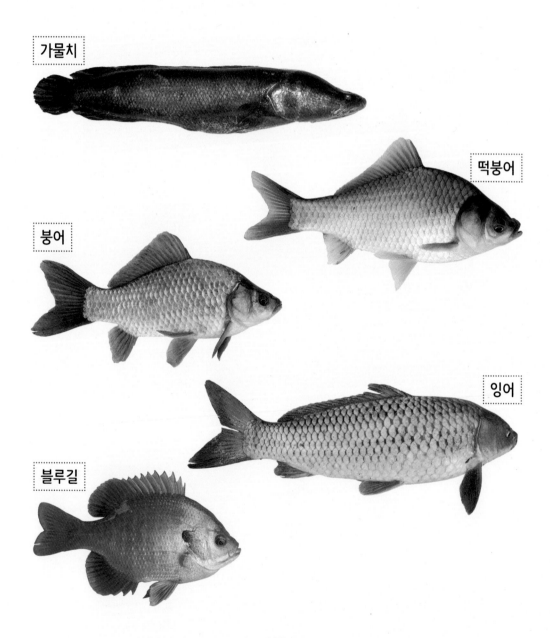

알아두면 유용한 사이트·동영상

동호회

KOREA 배스포인트

배스낚시 관련 카페 중 가장 많은 회원 수를 보유하고 있는 네이버카페다. 2019년 현재 12만여 회원들이 활동하고 있다. 전국에서 올라오는 배스낚시 조황을 확인할 수 있고 또 물어볼 수 있다. 낚시 장비, 기법 관련해 질문을 하면 회원들이 친절히 답해준다. 장비 관련 최신 정보를 얻을 수 있다.

초록물고기

국내 최대 정보량의 배스낚시 온라인 동호회. 많은 낚시인들이 초록물고기를 통해 낚시를 배웠고 각 분야로 흩어져 활동하고 있다. 2000년대 초부터 쌓여온 정보량이 방대하고 유용한 것들이 많다. 손혁(닉네임 송어) 등 유명 프로 낚시인들이 활동을 했다. 배스낚시에 대한 생각, 배스낚시에 대한 방향 등에 대해 생각해보고 싶다면 시즌별로 이어지고 있는 게시판의 글들을 검색해 읽어보기를.

배씨

자유게시판과 난상토론 등 온라인 커뮤니티가 활발하다. 낚시 장비와 테크닉과 관련해 묻고 답하기를 활용하면 유용한 정보를 얻을 수 있다.

유튜브

꿀팁배스

배스낚시 관련 유튜브 중 가장 유용한 정보가 많다. 시의 적절한 기획력이 돋보이는 영상 콘텐츠가 매주 한 차례씩 업데이트되고 있는데 성실함에 있어서도 타 채널을 압도한다. KSA 프로 낚시인으로 활동하고 있는 이형근 씨가 진행하며 1번PD로 또 유명한 함문형 씨가 영상 촬영과 제작을 맡고 있다. 구독자가 2019년 현재 3만명을 넘었다. 한 마디로 배스낚시 꿀팁!

배종만TV

KSA 프로 낚시인으로 활동하고 있는 배종만 씨가 운영하고 있는 채널. 안동호 입구에서 낚시점도 운영하고 있는 그는 자타공인 안동호 배스낚시 전문가이기도 하다. 입문자들이 궁금해 하는 매듭법, 캐스팅 요령 등 배스낚시 관련 다양한 영상 콘텐츠를 올리고 있다.

앵쩡TV

배스낚시 유튜브 채널 중 가장 많은 구독자 수와 조회수를 기록하고 있다. 여성 낚시인 앵글러쩡이 즐겁고 재미있게 낚시하는 모습을 보여준다.

양글러TV

배스낚시인 양희민(양글러) 씨가 여자 친구인 신수빈 씨와 함께 전국을 돌며 배스낚시를 즐긴다. 양희민 씨는 프로그피싱 마니아이며 여성 낚시인인 신수빈 씨의 배스낚시 실력도 수준급이다. 배스낚시 커플이 보여주는 알콩달콩 낚시 영상이 재밌고 흐뭇하다.

쇼핑몰

다솔낚시마트

다솔낚시마트는 주식회사 만어와 함께 에코기어, 노리즈 등의 루어 브랜드를 갖고 있는 일본 마루큐 한국총판이다. 자체 브랜드인 하프루어의 야마데스웜 시리즈 등을 구입할 수 있다.

런커

낚시인들에게 인기 있는 일본 브랜드인 메가배스, O.S.P., 집베이트 등의 한국 수입총판으로 관련 용품을 가장 먼저 만나볼 수 있다.

심통낚시

낚시용품 특가 세일이 수시로 진행되고 사고 싶던 물건이 가끔 절반 이하의 가격으로 나오기도 한다. 루어 외 파라솔 등 공통 장비 구색이 다양하다.

싸파낚시

실속 있는 자체 브랜드 루어낚시용품이 많다. 일월전기·온수매트 등 생활용품도 함께 구입할 수 있다. 신규 회원들을 위한 이벤트와 낚시용품 할인행사를 정기적으로 시행하고 있다.

주식회사 만어

주식회사 만어는 다솔낚시마트와 함께 에코기어, 노리즈 등 루어 브랜드를 갖고 있는 일본 마루큐 한국총판이다. 인크론, 옥션 등 자체 브랜드의 낚시용품을 갖고 있으며 캠핑 등 아웃도어용품도 구입할 수 있다.

털보낚시

루어낚시 전문 쇼핑몰을 가장 먼저 시작했고 이용자들이 많다. 델리온이란 루어 브랜드를 갖고 있다.

낚시 의류

바나나베이트

바나나베이트는 낚시 전문 의류 브랜드다. 검고 흰 평범한 낚시 의류가 마음에 들지 않는다면 바나나베이트 의류가 대안이 될 수 있다. 기능성에 앞서 일단 옷 자체가 예쁘다.

슈퍼베이트

낚시 전문 의류, 액세서리 브랜드다. 바나나베이트가 아기자기한 멋이 있다면 슈퍼배스는 남성적이다. 남자들이 좋아할 소품들이 많이 있다.

클라이

낚시 전문 의류 브랜드. 스포티하면서 기능성 좋은 낚시 옷을 만들고 있다. 구명조끼나 옷에 원하는 디자인을 넣어 만들어주는 커스텀 서비스도 제공한다.

언론사 · 단체 · 기관

낚시광장
우리나라 최고 전통의 낚시잡지인 낚시춘추의 기사를 볼 수 있는 사이트다. 검색을 통해 다양한 정보를 얻을 수 있다.

농촌용수종합정보시스템
한국농어촌공사에서 관리하고 있다. 전국의 저수지 수위를 파악할 수 있다

한국스포츠피싱협회
한국스포츠피싱협회(KSA)의 홈페이지. 배스프로 토너먼트 외에 아마추어 낚시인들이 참가할 수 있는 다양한 행사가 열리고 있다. 해외 배스낚시대회에 대표선수단을 파견하는 등 한국 배스낚시의 현주소를 알 수 있다.

한국배스프로협회
한국배스프로협회(KB)의 홈페이지. 경기 평택호에서 펼쳐지는 토너먼트 일정과 프로 낚시인들의 연간 성적이 데이터베이스로 정리되어 있다. 정기적으로 열리는 아마추어 배스낚시 대회 일정도 놓치지 말아야 할 정보.

한국루어낚시협회
한국루어낚시협회(LFA)의 홈페이지. 경북 안동호와 충북 충주호에서 열리는 토너먼트 일정과 출전 선수들의 성적이 게시되어 있다. 아마추어 낚시인들이 프로 낚시인들과 함께 출전할 수 있는 대회(오픈토너먼트)도 자주 열린다.

4
무지개송어
루어낚시

우리 가족에게
겨울낚시의 낭만과 추억을!

무지개송어는?
겨울 루어낚시의 꽃

찬물을 좋아해

낚시인이 무지개송어를 낚시 대상으로 만나는 시기는 겨울이다. 왜냐하면 무지개송어가 찬물을 좋아하는 냉수성 어종이기 때문이다. 계곡물이 흘러드는 하천의 상류가 무지개송어가 사는 곳이다. 10도에서 18도 사이가 무지개송어가 서식하기 알맞은 수온이다. 우리나라 기후에 비춰보면 기온이 급격히 떨어지기 시작하는 10월부터 얼음이 얼기 시작하는 12월까지가 해당한다. 너무 춥고 수온이 떨어지면 무지개송어도 낚기 어려워진다. 돈을 받고 낚시를 하게 하는 유료낚시터에선 겨울에 '팔팔'한 무지개송어를 저수지에 방류하고 손님을 받는다. 낚시인은 겨울에 낚이는 힘 좋고 예쁜 물고기라는 뜻에서 무지개송어를 두고 '겨울 야생마' 또는 '겨울 루어낚시의 꽃'이라는 표현을 쓴다.

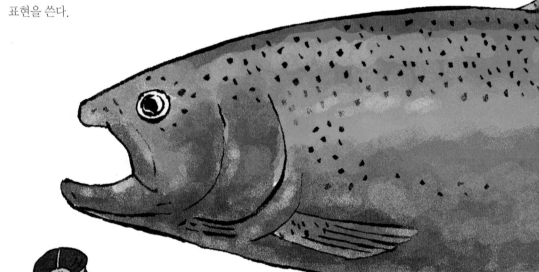

곤충과 작은 물고기를 잡아먹는다

자연 수계에 서식하는 무지개송어는 어린 시기엔 잠자리, 새우, 지렁이 같은 물에 사는 작은 생물을 먹다가 더 자라면 물고기를 먹는 어식성으로 바뀐다. 바다에는 내려가지 않고 평생 민물에 산다. 3년이 지난 무지개송어의 크기는 45cm 정도에 이르며 먹이가 풍부한 양식장에서는 더 크게 자랄 수 있다. 우리가 유료터에서 만나는 무지개송어는 사료 등의 먹이를 주고 키운 양식산 무지개송어다.

미국에서 건너온 물고기

무지개송어의 영어 이름은 무지개색을 보이는 송어라는 뜻에서 레인보우 트라우트다. 무지개색은 몸통에 나는 주홍색 줄무늬를 두고 하는 말이다. 무지개송어는 우리나라 토착어종은 아니다. 1965년부터 1968년까지 주로 미국에서 수정된 알을 국내에 들여와 부화시켜 키웠다. 강원도 평창에서 최초로 부화된 알은 일부 방류를 하고 일부는 양식용으로 쓰였다. 강원도를 중심으로 대량 양식이 이뤄지고 있으며 식용과 낚시용으로 사용되고 있다.

트레이드마크, 주홍색 줄무늬

다 자란 무지개송어는 머리 쪽부터 꼬리자루까지 몸통 중앙에 주홍색의 줄무늬가 선명하다. 이 주홍색 줄무늬는 무지개송어 외에 연어나 송어, 산천어, 열목어에서도 발견되는 특징이다. 무지개송어는 몸통과 지느러미, 온몸에 아주 작은 반점이 있는데 다 자라면 더 선명해진다. 연어, 송어, 산천어, 열목어와 같이 섞여 있을 때는 이 반점을 갖고 구분한다. 산란기에 접어든 수컷은 줄무늬의 주홍색이 더 뚜렷해진다.

"무지개송어와 송어는 달라요"

무지개송어를 줄여서 송어라고 부르는데 이것은 잘못 부르는 것입니다. 송어라는 이름은 우리나라 토착어종인 송어에게만 써야 합니다. 송어는 민물과 바다에서 모두 살 수 있는데 민물에 갇혀 사는 송어를 산천어, 바다에 내려가 사는 송어를 시마연어라고 부릅니다. 무지개송어는 현재 겨울이 되면 유료낚시터에서 방류하여 낚시 대상어로 큰 인기를 얻고 있습니다. 그러나 낚시 대상어로 방류되는 3년생 이상 큰 물고기가 자연 수계로 흘러들 경우 작은 토종물고기를 잡아먹는 부작용이 생길 수 있어, 지정된 낚시터 이외에 방류하는 것은 절대로 하지 말아야 할 행동입니다. 우리나라의 토종 담수어를 보호하면서 계속적으로 낚시를 즐기기 위해선 반드시 지켜야 할 수칙입니다.

이완옥 어류학박사

유료낚시터는?
돈을 내고 방류한 무지개송어를 낚는 곳

잘 잡힙니?

가두리
방류하기 전의 무지개송어를 이곳에 넣어 놓았다가 배를 타고 들어가 뜰채로 퍼서 방류한다.

송어다!

무지개송어낚시터
수상잔교 내 500~1000천평 규모의 공간에 무지개송어를 방류하고 낚시터로 운영한다.

수상잔교

낚시인이 무지개송어를 낚을 수 있는 곳은 고기를 인위적으로 방류한 유료낚시터와 양식장에서 탈출한 무지개송어가 유입된 자연 수계의 강과 호수다. 자연수계에 서식하는 무지개송어는 개체수가 적고 낚기도 어려워 실제로 낚시가 이뤄지는 곳은 유료낚시터가 대부분이다.

유료낚시터는 돈을 내고 물고기를 낚는 낚시터를 말한다. 낚시터 주인은 대개 저수지를 임대한 뒤 물고기를 구입해 방류하고 낚시인 손님을 맞는다. 늦가을이 되면 상류나 하류 저수지의 일부를 그물로 막고 30~40cm 크기의 양식 무지개송어를 방류해 낚시터 문을 연다.

무지개송어 낚시터를 운영하는 시기는 11월부터 이듬해 2월까지다. 11~12월에 무지개송어가 가장 잘 낚이고 1월을 넘어서면 조황이 떨어지기 시작한다. 2월 말이면 대부분 낚시터가 문을 닫는다.

유료터는 자연 수계처럼 물 흐름이 있거나 나무와 수초 같은 장애물이 없다. 낚시인은 오로지 입질을 받기 위해 노력하다가 고기를 걸면 무사히 연안까지 끌어내기만 하면 된다.

낚시터에 가면 입구에 낚시터를 관리하는 관리실이 있는데 이곳에 입어료를 내고 낚시를 하면 된다. 관리실은 대개 식당과 매점을 함께 운영하고 있으며 바늘이나 낚싯줄 등 간단한 낚시 소품도 구비해 놓고 있다.

낚시터는 낚은 무지개송어를 손맛만 보고 놓아주는 손맛터와 몇 마리에 한해 가져가게 하는 잡이터로 나뉜다. 손맛터보다 잡이터가 더 입어료가 비싸다. 낚시터마다 사용을 금지하는 루어나 채비가 있으므로 낚시터를 찾기 전에 확인해 봐야 한다. 입어료는 2만5천~3만5천원이다.

장비

가벼운 루어 다루기 적합한 낚싯대 필요

가족과 함께 즐기기에 딱

무지개송어낚시용 루어는 쏘가리낚시나 배스낚시에서 사용하는 것보다 작고 가벼운 게 특징이다. 루어의 종류에 따라 다르겠지만 웜의 경우 보통 3인치 이하, 하드베이트의 경우 1~4g 무게를 사용하는데 장비 역시 이에 맞춰야 한다.

유료터는 낚시인이 편하게 낚시할 수 있도록 시설이 갖춰져 있다는 게 장점이다. 연안을 평평하게 정비해 놓았으며 포인트까지 쉽게 접근할 수 있도록 수상잔교 등을 설치해 놓았다. 여성이나 어린이 등 아이들과 함께 찾기에 적합하다. 쏘가리 루어낚시나 배스 루어낚시에 비해 낚시 짐은 더 간소한 편이지만, 추운 계절에 하는 낚시인만큼 방한에 신경 써야 한다.

낚싯대

작고 가벼운 루어를 다루기 쉬운 무지개송어 전용 낚싯대를 사용한다. 가벼운 루어는 멀리 캐스팅하기 어렵다. 낚싯대의 반발력을 이용해 던질 수 있어야 하기 때문에 스피닝낚싯대를 쓰며 파워는 울트라라이트가 적합하다. 같은 울트라라이트 파워 낚싯대라고 하더라도 무지개송어낚싯대가 더 낭창거린다. 길이는 6.22, 6.42피트 등 6피트(1.82m) 초반의 길이면 적당하다.

릴

작은 스피닝릴을 쓴다. 크기는 1000에서 1500이 좋다. 쏘가
리낚시나 배스낚시에서 쓰던 2000 이상의 스피닝릴을 사용할
수도 있으나 무지개송어낚시에서 쓰는 가는 라인을 감기엔 스
풀의 크기가 크다. 또한 작은 루어에 세밀한 액션을 주기에도
부족하다. 스피닝릴 1000 크기의 스풀엔 1호 굵기의 낚싯줄
이 100m 감긴다.

뜰채

입걸림시킨 무지개송어를 상처 나지 않게 담아 내기 위한
도구다. 그물망이 실리콘 등 부드러운 소재로 되어 있다.
뜰채의 폭이 40cm는 넘어야 고기를 담기에 편하다.

스푼케이스

무지개송어용 루어인 마이크로 스
푼을 보관하는 작은 수납 가방이
다. 마이크로 스푼에 달린 바늘을
걸 수 있도록 부드러운 천으로 안
을 처리했다.

낚싯줄

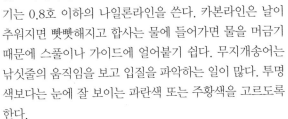

루어가 작고 가벼운 만큼 낚싯줄도
가는 것을 쓴다. 낚싯줄이 가늘면 멀
리 날아가고 물의 저항이 작아 루어
를 조작하기에 알맞다. 강도는 4lb, 굵
기는 0.8호 이하의 나일론라인을 쓴다. 카본라인은 날이
추워지면 빳빳해지고 합사는 물에 들어가면 물을 머금기
때문에 스풀이나 가이드에 얼어붙기 쉽다. 무지개송어는
낚싯줄의 움직임을 보고 입질을 파악하는 일이 많다. 투명
색보다는 눈에 잘 보이는 파란색 또는 주황색을 고르도록
한다.

그밖에

무지개송어 입에 걸린 바늘을 뺄 때
쓰는 포셉스, 손과 발의 추위를 녹일
수 있는 핫팩 등을 준비한다.

세 가지 루어로 시작해보자

유료낚시터에서 무지개송어를 잘 낚는 방법은, 루어에 반응을 보이는 무지개송어가 어느 수심층에 머무는지 빨리 파악하고 이에 맞는 루어를 선택해 쓰는 것이다. 무지개송어는 수온, 먹고자 하는 욕구, 낚시로 인한 스트레스 등에 의해 활성도가 달라진다. 활성도가 높은 무지개송어는 중상층 수심을 오가며 먹이활동을 벌이는 반면, 활성도가 낮은 무지개송어는 하층 수심에 머물거나 장애물에 숨어 있는 일이 많다. 여기 소개하는 세 가지 루어는 무지개송어낚시에서 기본 루어로 통한다. 이 중 스플릿샷리그는 운용법이 간단하고 입질 빈도도 높아 낚시를 처음 접해보는 여성이나 어린이에게도 적합하다.

가장 먼저 크랭크베이트

던지고 감는 것만으로도 입질을 받을 수 있는 루어다. 무지개송어의 활성도가 높아 중상층에서 먹이활동을 벌이는 상황이라면 단순 릴링만으로 입질을 받을 수 있다. 배스낚시에서도 사용하는 루어로서 크기가 30~40mm로 줄어들고 바늘이 세 개 달린 트레블훅이 아닌 하나짜리 싱글훅이 달린 것이 차이점이다. 잠수 기능을 담당하는 머리 부위의 립이 넓고 커서 감아 들이면 일정 수심을 파고든 뒤 특유의 뒤뚱거리는 움직임으로 입질을 유도한다. 립의 각도에 따라 물속으로 파고드는 수심층, 즉 잠행수심(潛行水深)이 결정되는데 무지개송어용 크랭크베이트는 보통 1~1.5m 수심까지 내려간다. 크랭크베이트는 따로 챔질할 필요는 없다. 무지개송어가 루어를 물면 돌아서는 동작에서 자동 입걸림이 된다.

무지개송어용
크랭크베이트

캐스팅 후 리트리브

크랭크베이트는 캐스팅 후 빠르게 릴링을 2~3회 해서 루어가 잠행수심층까지 도달하게 한 후 느린 속도로 릴링을 이어간다. 이때 릴링 속도는 3초에 1회전 정도로 하는 게 적당하다.

흔들기만 해도 돼! 마이크로 러버지그

러버지그란 지그헤드에 고무 소재로 된 스커트가 달린 루어다. 배스낚
시에서 쓰이는 루어로서 크기를 아주 작게 줄인 것이 마이
크로 러버지그다. 길이는 스커트까지 포함해 5~6cm, 시
중엔 전체 무게를 표시해 판매하고 있는데 2g~3.5g
이 주를 이룬다. 스커트 색상은 분홍, 흰색, 형광, 연한
녹색 등이 많이 쓰이고 있다. 마이크로 러버지그의 핵
심은 스커트다. 한 자리에서 또는 느리게 움직이며 펄럭이
는 스커트를 무지개송어는 참지 못하고 물려고 든다. 흔드는 것만으로
도 입질을 유도할 수 있다. 활성도가 높을 때는 자동 입걸림이 되는 일
이 많고 입질이 약할 때는 낚싯줄의 움직임을 보고 가볍게 챔질을 해
줘야 한다. 낚싯줄이 옆으로 가거나 내려가다가 멈출 때 챔질을 한다.

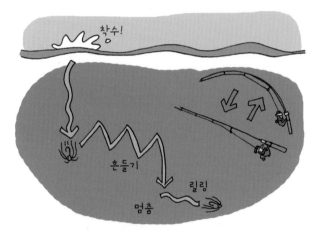

흔들어주다가 멈추고 릴링

주요 액션은 스커트가 하늘거릴 수
있도록 낚싯대를 이용해 살랑거리듯
흔들다가 멈추고 3~4회 느리게 릴링
한 후 다시 흔드는 것이다. 캐스팅 후
루어가 일정 수심에 도달했다면 픽업
베일을 닫고 낚싯대를 제자리에서 흔
든다. 낚싯대를 흔드는 폭은 크지 않
고 속도도 빠르지 않게 한다. 발 앞까
지 흔들기-멈춤-릴링 액션을 반복
한다.

바닥에서 세웠다가 놓아두기

중층에 반응이 없다면 바닥층까지 루
어가 떨어지도록 한다. 낚싯대를 세
웠다가 놓아두고 끌어준 뒤 여윳줄을
감아주는 동작을 반복한다. 어느 순
간 초릿대가 묵직해지는 느낌이 들면
낚싯대를 들어 챔질한다.

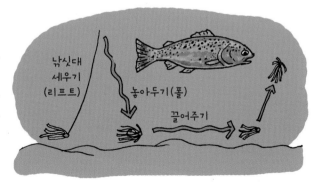

그래도 반응이 없다면 스플릿샷리그

무지개송어를 꼭 낚고 싶을 때 마지막으로 쓰는 채비가 스플릿샷리그다. 낚싯줄의 움직임을 보고 있다가 반응을 보고 챔질하면 된다. 스플릿샷리그에서 '스플릿샷'은 조개봉돌이란 뜻으로 바늘을 묶은 낚싯줄의 20~30cm 지점에 2~5g 무게의 조개봉돌을 단 채비를 말한다. 조개봉돌은 낚싯줄에 물리기 쉽도록 홈이 파여 있는데 요즘은 황동이나 텅스텐 등의 소재로 만든 비슷한 무게의 구멍봉돌을 사용한다. 구멍봉돌에 낚싯줄을 끼운 뒤 봉돌 위아래에 찌멈춤고무를 달면 봉돌의 위치를 쉽게 이동시킬 수 있어 편리하다. 바늘에 꿰는 웜은 물에 뜨는 2~3인치 크기의 플로팅 타입을 사용한다. 형태는 물고기 모양의 섀드형이나 스트레이트형.

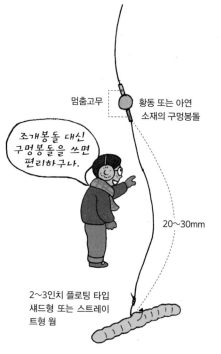

멈춤고무

황동 또는 아연
소재의 구멍봉돌

조개봉돌 대신
구멍봉돌을 쓰면
편리하구나.

20~30mm

2~3인치 플로팅 타입
섀드형 또는 스트레이
트형 웜

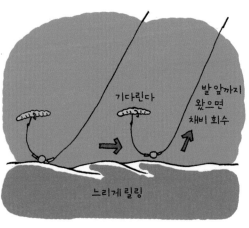

기다린다

발 앞까지
왔으면
채비 회수

느리게 릴링

느리게 릴링하고 기다리기

채비가 바닥에 떨어지면 봉돌은 바닥에 닿고 플로팅 웜은 수중에 떠 있게 된다. 10초 정도 입질이 들어올 때까지 기다렸다가 반응이 없으면 4~5초에 핸들을 한 바퀴 돌릴 정도로 느리게 끌어주고 다시 기다린다. 발 앞까지 끌어와도 반응이 없으면 구멍봉돌의 위치를 40cm나 50cm로 더 벌려본다.

챔질!

입질!

입질 파악과 챔질

입질이 오면 낚싯줄이 옆으로 흐르거나 빨려 들어가는 형태로 나타난다. 낚싯대를 옆으로 살짝 드는 식의 작은 동작으로 챔질을 한다. 낚싯줄이 약간 늘어지는 정도의 상태를 유지해야 입질을 파악하기도 쉽고 입걸림도 잘 된다.

루어 운용 2
낚시를 좀 더 재미있게 하고 싶다면?

무지개송어낚시에 쓰이는 루어는 다양하다. 한두 가지 루어에 머물지 않고 여러 가지 사용하다 보면 몰랐던 낚시의 묘미를 더 느낄 수 있다. 여기 소개하는 세 가지 루어는 앞에서 설명한 크랭크베이트, 마이크로 러버지그, 스플리샷리그와 비교해 루어의 선택이나 운용술에 있어 테크닉이 더 필요하기 하지만 낚시 자체가 역동적이고 공격적이어서 또 다른 재미를 안겨줄 것이다.

무지개송어 활성도 높을 때엔 마이크로 스푼

납작하고 동그란 형태의 금속성 루어다. 우리가 스푼이라 고 부르는 루어를 아주 작게 만들었다. 바늘을 제외한 크기는 2.5~3.5cm. 양식 무지개송어가 먹고 자란 사료인 펠렛과 비슷하게 생겼다. 무게는 1g부터 4g까지 다양하다. 형태, 색상, 무게가 다양해서 무지개송어가 머무는 유영층과 활성도에 맞춰 운용할 수 있다. 아예 마이크 로 스푼만을 사용하는 마니아들도 많다. 마이크로 스푼을 사용하는 낚시 기법을 따로 스푸닝이라 고 부른다. 마니아들은 낚시 상황, 수심, 액션별로 루어를 구분해 갖고 다닌다.

2g, 2.5g 무게로 5개 색상씩 10개로 시작해보자

마이크로 스푼은 짧은 시간에 가장 많은 마릿수를 낚을 수 있는 루어다. 대신 그에 맞는 낚시 기량도 필요하다. 마이크로 스푼이 빛을 발하는 상황은 낚시터 개장 초기나 무지개송어의 먹이욕구가 높은 아침이나 늦은 오후 등이다. 루어의 수가 많을수록 다양한 상황에 맞게 쓸 수 있으므로 유리하다. 루어의 수가 곧 테크닉이고 이를 잘 골라 쓰는 사람이 실력자다.

루어의 무게는 공략할 수 있는 수심을 의미한다. 1.5g은 1m 이내 표층, 2g은 1.5m 이내, 2.5g은 2.5m 이내, 3g은 3m 이상, 3.5g은 바닥층 공략용이다. 이 중 가장 많이 쓰이는 무게가 2g과 2.5g이다. 색상은 금색이 나 은색처럼 반짝이거나 색상이 화려 한 어필 컬러를 두 개씩, 원색 계열인 빨강색과 흰색, 사료와 비슷한 색상인 고동색의 내추럴 컬러를 세 개씩 맞춰 서 모두 10개 정도를 갖고 낚시를 해 보자. 낚시터마다 잘 듣는 루어 형태 와 색상이 있는데 그런 것들은 낚시를 하면서 하나둘 채워 나가면 된다.

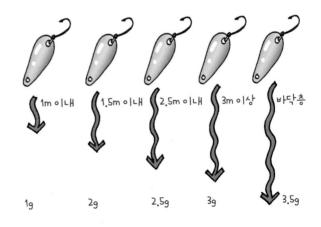

1m 이내 / 1.5m 이내 / 2.5m 이내 / 3m 이상 / 바닥층

1g / 2g / 2.5g / 3g / 3.5g

2초에 한 바퀴 슬로우 릴링

액션은 그냥 감는 것이다. 마이크로 스푼은 릴링을 하는 것만으로도 루어 자체가 위아래로 흔들리는 움직임을 만들어낸다. 중요한 것은 느리면서도 지속적인 릴링이다. 2초에 한 바퀴 정도의 릴링을 하되 같은 속도를 유지해야 한다. 반응이 없으면 이보다 더 느리게 또는 빠르게 바꿔보는 것이다.

느리게 지속적으로 릴링

갑자기 빨라지거나 느려지면 무지개송어가 루어를 쫓다가 돌아선다.

쳇!

입질 파악과 챔질

입질은 톱가이드로부터 이어지고 있는 낚싯줄의 움직임으로 파악한다. 릴링을 이어가던 중 낚싯줄이 팽팽해지거나 늘어지면 그때 핸들을 빨리 감아주거나 낚싯대를 옆으로 드는 동작으로 챔질을 한다. 그러기 위해선 낚싯줄을 팽팽한 상태로 유지해야 하므로 낚싯대를 세우는 것보다는 수평 상태로 유지하거나 숙이는 것이 바람직하다.

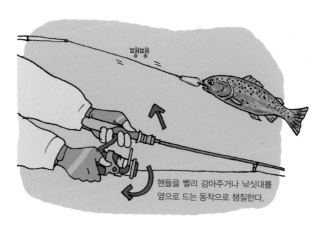

팽팽

핸들을 빨리 감아주거나 낚싯대를 옆으로 드는 동작으로 챔질한다.

무지개송어 유영층을 안다면 지그헤드리그

지그헤드리그는 무지개송어가 반응을 보이는 수심층을 알고 있을 때 사용하면 확실히 효과를 볼 수 있는 루어. 너무 잘 잡혀서 온종일 지그헤드리그만 쓰는 낚시인도 있다. 무지개송어낚시에선 1/16~1/32온스 지그헤드에 3인치 크기의 물고기 형태의 웜을 꿰어 사용한다. 작은 물고기가 느릿느릿 헤엄치며 오는 모습을 연출하는 게 핵심이다. 웜의 움직임이 잘 나오게 하기 위해 지그헤드를 꿸 때는 바늘이 몸통 중앙이 아닌 몸통 상단부를 지나게 해야 움직임이 더 잘 나온다. 입질이 오면 자동 입걸림이 되므로 챔질할 필요는 없다.

지그헤드 바늘이 웜 몸통 상단을 지나게 꿴다.

팁만 흔들며 느리게 릴링한다

일정 수심층에서 아주 느리게 릴링하되 웜의 꼬리가 꼬리 치듯 하는 움직임이 나오도록 톱가이드가 있는 부위, 팁을 미세하게 흔들어준다. 이러한 기법을 미드스트롤링이라고 부른다. 캐스팅 후 원하는 수심까지 채비가 떨어지면 그때부터 릴링을 시작한다. 릴링 속도는 3초에 한 바퀴 정도로 느리게 한다. 낚싯대는 45도 각도로 숙이고 팁만 미세하게 흔든다. 릴을 쥔 손에서 검지를 낚싯대에 얹으면 조작하기 더 쉽다. 낚싯대 전체가 아니라 낚싯대에 얹은 검지로 움직임을 준다는 생각으로 흔들어준다.

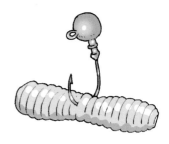

바닥층 노릴 때엔 카이젤리그

웜 중간에 지그헤드를 꿴 채비다. 물속의 웜 액션이 독일 카이저 황제의 콧수염과 비슷하다고 해서 카이젤리그만 이름이 붙었다. 카이젤리그의 장점은 폴링 과정에서 다른 채비에선 보기 어려운 움직임이 나타난다는 것이다. 무지개송어낚시에선 여러 방법으로 운용하지만 고기가 저활성을 보이는 상황에서 하층 수심을 노릴 때 사용하면 확실히 효과가 있다. 웜은 3인치 크기의 스트레이트형을 주로 쓴다. 입질은 낚싯줄의 움직임을 보고 파악한다. 느슨했던 낚싯줄이 팽팽해지거나 옆으로 흐른다면 낚싯대를 옆으로 살짝 젖혀서 챔질한다.

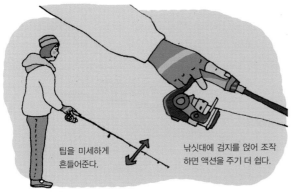

팁을 미세하게 흔들어준다.

낚싯대에 검지를 얹어 조작하면 액션을 주기 더 쉽다.

미드스트롤링

끌어준 뒤 튕기고 기다리기

바닥층에 채비가 떨어지면 여윳줄을 감는다. 끌어준(드래깅) 후 튕겨주고 (호핑) 기다린다(스테이). 호핑 액션에서 채비가 떨어지는 도중 카이젤리그 특유의 움직임이 무지개송어의 호기심을 자극한다. 입질은 기다리는 동작에서 들어온다.

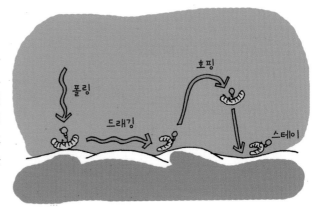

폴링

호핑

드래깅

스테이

낚시터를 찾기 전에
알고 있어야 할 기본수칙 5

저수지라는 제한된 공간에 방류한 무지개송어라도 잘 낚이는 시간대와 그렇지 못한 시간대가 있다. 또 개인이 운영하기 때문에 낚시터마다 운영 규정이 다르다. 낚은 무지개송어를 몇 마리 가져갈 수 있는 잡이터라 하더라도 그 외엔 모두 안전하게 방류를 해야 하므로 이를 위한 채비와 장비 활용 방법에 대해서도 알아본다.

해 뜨기 전 아침과 방류 시간을 노려라

무지개송어가 먹이를 먹는 시간대가 있다. 햇살이 퍼지기 전 아침이다. 이때는 활성도가 최고조에 올라 루어에 활발한 반응을 보인다. 하지만 그 시간이 두 시간을 넘지 않는다. 햇살이 퍼지기 시작하면 무지개송어는 깊은 수심이나 장애물 근처로 숨어버린다. 그 뒤로는 낚시터 주인이 고기를 방류할 때 짧은 시간 활성도가 올라가기도 한다. 해가 지기 전 오후에 한 차례 활성도가 올라가지만 폐장 시간과 맞물리기 때문에 낚시할 시간이 짧다. 낚시를 간다면 이른 아침에 찾는 것이 좋다.

알 모양의 웜과 미늘 있는 바늘은 사용 금지

대부분의 낚시터에선 알 모양의 웜을 사용한 채비를 '알채비'라고 하여 사용을 금지하고 있다. 무지개송어가 먹으면 너무 깊게 삼키기 때문에 바늘을 빼낼 때 상처를 주게 되고 그렇게 해서 다시 방류된 고기는 오래 살지 못하기 때문이다. 바늘은 미늘이 없는 송어 전용 바늘을 쓴다. 미늘 없는 바늘을 써야 바늘을 빼기도 쉽다. 미늘이 보이면 플라이어로 미늘을 제거한 후 사용한다.

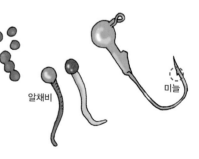

마커채비는 허용 여부 꼭 확인

마커채비란 낚싯줄에 동그란 형태의 찌인 마커를 끼운 후 바늘에 웜을 꿴 채비다. 수면에 뜬 마커의 움직임을 보고 입질을 파악한다. 무지개송어가 잘 낚이지만 찌가 움직일 정도면 고기가 목구멍까지 웜을 삼키는 일이 많아 바늘을 빼다가 상처를 입히는 일이 잦다. 이로 인해 많은 수의 낚시터에선 마커채비 사용을 금지하거나 여성이나 어린이에게만 허용하고 있다.

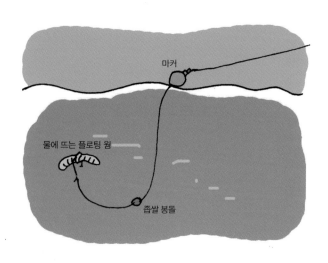

마커

물에 뜨는 플로팅 웜

좁쌀 봉돌

무지개송어가 발 앞 가까이 끌려 오면 무릎을 꿇는다.

뜰채를 들어 고기 앞쪽으로 밀어 넣어 담는다.

반드시 뜰채에 고기를 담는다

발 앞까지 끌어낸 무지개송어는 반드시 뜰채로 받아내야 고기를 안전하게 다시 방류할 수 있다. 발 앞까지 무지개송어가 끌려 오면 무릎을 꿇고 뜰채를 들어 고기 앞쪽으로 밀어 넣어 담는다. 미늘이 없는 바늘은 주둥이에서 쉽게 빠진다. 바늘만 뺀 채 다시 뜰채를 물속에 넣어주면 무지개송어는 알아서 나간다. 뜰채망에 걸린 바늘은 방류 후 빼낸다.

"실례했습니다~"

많은 사람들이 모여서 낚시할 경우 낚시인 간격이 좁아 안전사고나 줄엉킴 등이 발생할 수 있다. 루어를 캐스팅할 때는 항상 뒤에 사람이 지나가는지 확인한다. 낚싯줄이 엉킬 경우 "실례했습니다~"란 말 한 마디면 충분히 얼굴 붉히는 일 없이 낚시를 이어갈 수 있다.

아, 괜찮습니다.

실례했습니다~

11월, 무지개송어가 가장 잘 낚일 때

낚시터에 따라 다르지만 수도권의 경우 빠른 곳은 10월 말부터 낚시터를 개장한다. 11월은 수온이 적당하고 먹이를 먹고자 하는 무지개송어의 의욕이 왕성한 시기이기 때문에 폭발적인 조황을 보이며 빠르고 역동적인 루어에 반응을 보인다.

크랭크베이트와 마이크로 스푼으로 승부

짧은 시간에 폭발적인 조황이 쏟아진다. 가장 빛을 보는 루어는 크랭크베이트와 마이크로 스푼이다. 대충 액션을 주어도 물어준다. 무지개송어낚시의 재미를 보려면 11월 한 달을 놓치지 말아야 한다. 무지개송어가 가장 왕성한 먹이활동을 벌이는 시간대, 즉 피딩타임이 끝났다면 마이크로 스푼으로 확인된 유영층을 마이크로 러버지그나 지그헤드리그로 공략한다.

"감기만 하면 돼요"

한 번도 던져보지 않은 크랭크베이트를 어떻게 사용하느냐 걱정하실 수도 있지만 염려하실 필요는 없습니다. 낚시터에 막 방류된 무지개송어는 먹이에 대한 욕구가 강하기 때문에 움직임에 대해 빠른 반응을 보입니다. 두 시간 정도에 이르는 피딩타임엔 누가 많이 루어를 던지느냐가 마릿수를 결정한다고 할 정도로 던지고 회수하는 속도가 빠른 낚시가 유리합니다. 크랭크베이트는 던지고 감는 것만으로도 루어 자체가 고유의 액션을 보이고 릴링만으로도 자동 입걸림이 되므로 낚시터 개장 초기에 가장 먼저 써볼 최적의 루어입니다.

가두리에서 무지개송어를 방류하고 있는 낚시터 관리인. 보통 오전 9시~10시에 방류한다.

쫓아랏!

전문가 어드바이스
안지연 무지개송어낚시 전문가

12월, 다양한 루어가 필요하다

활성도가 어중간한 무지개송어. 일단 루어를 쫓는다.

먹을 수 있을까?

활성도가 높은 무지개송어.
적극적으로 루어를 쫓는다.

활성도가 떨어져 어떤 먹잇감에도
반응을 보이지 않는 무지개송어.

휴~ 힘들어.
난, 쉴래.

12월은 수온이 떨어지고 연안에 얼음이 어는 시기다. 개장 초기에 방류한 무지개송어는 낚시인에게 많이 낚이게 되면서 루어에 대한 스트레스도 상당한 편이다. 물속의 무지개송어는 루어에 반응을 보이는 고기와 그렇지 않은 고기로 나뉜다. 활성도가 높아 루어에 반응을 보이는 고기를 찾기 위한 노력이 필요하다.

전천후 루어 지그헤드리그

12월에도 이른 아침의 피딩타임은 놓쳐서는 안 된다. 하지만 11월처럼 무턱대고 무지개송어가 덤벼들지 않는다. 그리고 시간도 짧다. 피딩타임에 효과적인 루어는 크랭크베이트와 마이크로 스푼이지만 실력 있는 낚시인과 그렇지 못한 낚시인 간의 마릿수 차가 난다. 무지개송어는 조금 더 먹이에 가까운 루어를 공격한다. 이럴 때 효과적인 루어가 지그헤드리그와 마이크로 러버지그다. 수심층에 맞춰 탐색하기 좋고 릴링하는 것만으로도 입질을 유도할 수 있다. 수심층을 조금씩 달리하여 운용하다 보면 입질을 받을 수 있다.

"마음속으로 숫자를 세어보세요"

지그헤드리그나 마이크로 러버지그를 사용할 때 수심을 재는 방법입니다. 수면에 루어가 떨어진 후 마음속으로 숫자를 세는 거예요. 이걸 카운트라고 합니다. 개인마다 세는 속도가 다르긴 하지만 일정하면 좋아요. 먼저 캐스팅한 후 바닥까지 떨어지는 속도를 세어봅니다. 30을 셌을 때 바닥까지 닿았다면 30을 기준으로 5 단위로 끊어서 릴링을 시작해 수심층을 탐색할 수 있겠죠. 하지만 옆에서 중층에서 물더라 아니면 상층에서 물더라 얘기가 있다면 아예 5나 10을 센 다음 릴링을 합니다.

전문가 어드바이스
안지연 무지개송어낚시 전문가

―――― 155 ――――

1월, 웜리그로 바닥층을 노려라

수온이 갈수록 낮아지는 시기. 무지개송어의 활성도가 떨어지고 입질도 약해지면서 낚시터를 찾는 손님도 줄어드는 시기다. 낚시인 손님이 줄어드는 만큼 방류하는 개체수도 적다. 피딩타임에 반응을 보이는 무지개송어의 수가 적고 아주 짧게 끝나는 일도 많다. 바닥층에 무지개송어가 많이 머물고 있으므로 하층 수심을 노리기 알맞은 스플리샷리그나 카이젤리그를 사용한다. 활발한 액션을 주기보다는 드래깅 또는 호핑을 준 후 오래 기다려준다. 2월로 넘어가면 조황은 더 떨어지는데 낚시터는 이때부터 폐장을 하기 시작한다.

버터 구이로 즐겨보자

외국에서 무지개송어와 연어는 꽝장히 맛있고 영양가 있는 생선으로 통한다. 유료낚시터에서 낚은 무지개송어를 어떻게 먹느냐 물어보는 사람도 있지만 회로 먹지 않고 익혀 먹으면 아무런 문제가 없다. 가장 쉽게 먹을 수 있는 방법은 버터를 발라 알루미늄 호일에 싼 뒤 구워 먹는 버터구이다.

1 집에 가져온 무지개송어는 깨끗이 씻은 뒤 배를 갈라 내장을 제거한다. 머리와 꼬리지느러미는 자른다.

2 크기가 크면 반으로 자르고 몸통에 칼집을 낸다.

3 몸통에 낸 칼집에 버터를 잘라 꽂고 마늘가루와 통호추 등을 뿌려서 간을 한다.

4 알루미늄 호일에 싼 뒤 오븐을 이용하거나 숯불 등을 이용해 직화로 구워야 맛있다. 10분 정도 지나면 살이 다 익는다.

무지개송어낚시용품 구입 가이드

낚싯대

다이와 이프리미 56XXUL-S

0.4g 루어를 던질 수 있는 낚싯대. '다이와 송어낚시용 제품 중 가성비 끝판왕으로 꼽히며 입문자가 가벼운 채비를 다룰 수 있도록 길이를 짧게 설계했다'는 게 개발자의 설명이다. 소비자가격은 1만3천3백엔.

바낙스 토렌트

46톤 초고탄성, 초고밀도 카본을 사용해 가볍고 가늘다. 열 방출과 라인 방출을 최소화시키는 후지 SiC 가이드 시스템을 적용했으며 최고급 내추럴 콜크 그립을 사용했다. S622XUL의 소비자가격은 18만원 .

엔에스 어프로치

5g 이하의 마이크로 루어를 쉽게 다룰 수 있도록 낚싯대의 밸런스를 맞췄다. 앙칼진 송어의 바늘털이를 유연하게 받아내어 제압할 수 있도록 원단 보강을 했다. 자연 하천의 송어, 산천어도 함께 노릴 수 있는 전천후 제품. 3종의 라인업이 있으며 S-642UL의 소비자가격은 9만5천원.

은성 리버 브리즈

우리나라 3대 계류 어종인 쏘가리, 꺽지, 송어를 상대할 수 있는 전천후 낚싯대. 후지 가이드와 릴시트를 채용했으며 은성 고유 기술인 CPC 공법을 적용해 부드러우면서도 강한 특성의 낚싯대를 완성했다. 3종의 라인업이 있으며 642SPUL의 소비자가격은 15만원.

제이에스컴퍼니 어센스 T1

편안한 사용감을 위해 기간 줄꼬임 방지 가이드와 최상급 코르크 그립을 채용했다. 마이크로 스푼부터 스플릿샷리그까지 고루 소화할 수 있는 라인업이 장점. 범용으로 쓸 수 있는 BC622UL 모델을 선보인 것도 눈에 띈다. BC622UL의 소비자가격은 16만5천원.

소품

하프루어 송어뜰채

가볍고 다루기 편한 유료터 송어용 뜰채다. 뜰채 프레임이 물방울 모양이어서 송어를 담아내기 편하다. 60cm 길이로 접어서 보관했다가 80cm로 손잡이대를 늘려 사용한다. 소지자가격은 2만8천원.

루어

다미끼 **피카 스푼**

양어장에서 양식된 무지개송어의 습성에 맞춰 개발된 마이크로 스푼이다. 표면에 굴곡을 주어 느린 릴링에도 뒤뚱거리는 액션이 나오도록 설계했다. 몸체는 황동으로 만들어 녹이 슬지 않으며 루어를 교체하기 쉽도록 스냅이 기본으로 장착되어 있다. 둥근 A 타입과 각진 B 타입이 있으며 무게는 2.8g, 3.5g 두 가지. 소비자가격은 5천원.

워터맨 **뉴 타이니스푼**

동합금 재료로 만들었으며 폴링 등 액션이 뛰어나다. 카본 바늘과 오로라 깃털을 묶어 무지개송어 눈에 잘 띄며 하이퍼 스냅이 달려 있다. 무지개송어용으로 2.2g, 3g, 3.5g 세 가지를 선택해 쓸 수 있으며 15가지 색상이 있다. 소비자가격은 3천원.

노리스 **크랭킹 푸파**

스푼에 입질이 없을 때 사용하면 효과를 볼 수 있는 크랭크베이트. 착수음이 작아 무지개송어 입장에선 물가에 떨어지는 곤충처럼 느껴진다. 길이는 35mm이고 무게는 2.6g. 플로팅 타입. 소비자가격은 1만5천원.

무카이 **잔무**

송어용 크랭크베이트로서 단순 리트리브만으로 송어의 입질을 유도할 수 있는 베이스 모델. 초보자도 액션을 구현하기 쉽도록 설계했다. 플로팅 타입. 소비자가격은 1만5천원.

엔에스

아르코 CBL 크랭크 40F-SR · DR

스피닝 장비에 맞게 설계된 무지개송어용 미니 크랭크베이트. 엔에스 고유 디자인인 CBL 립을 채용해 캐스팅 직후 물속에서 빠르게 액션을 구사한다는 게 개발자의 설명. 릴링하면 40F-SR은 0.5~0.7m, 40F-DR은 1~1.2m 잠행한다. 소비자가격은 두 개 다 1만2천5백원.

4OF-DR   4OF-SR

다미끼 **디스코 딥 38**

평균 수심이 3m인 국내 송어낚시터에 맞게 잠행수심을 조정해 개발한 크랭크베이트. 다미끼의 트라우트 싱글훅을 채용해 튜닝했다. 15가지의 다양한 컬러로 선택의 폭이 넓다. 길이 38mm, 무게 4.5g, 잠행수심 1.5m. 소비자가격은 1만원.

자칼 **티몬 탭댄서**

길이 31mm, 무게는 3.7g, 싱킹 타입으로 바닥층을 노릴 때 사용한다. 편평하고 넓은 몸체로 인해 독특한 진동 액션을 보여주며, 머리 쪽 저중심 설계로 바닥에서 쓰러지지 않고 꼿꼿이 서있는 것이 특징이다. 단순 릴링부터 리프트앤폴 액션 활용. 소비자가격은 1만3천원.

얼음송어축제장에서
무지개송어 잘 낚는 법

겨울엔 송어를 주인공으로 하는 얼음낚시축제가 곳곳에서 열린다.
가족과 함께 얼음송어를 낚으며 겨울낚시만의 낭만을 즐겨보자(입어료는 2019년 기준).

장비와 루어

얼음송어낚시에선 물낚시에서 쓰던 장비를 그대로 쓰기엔 낚
싯대가 너무 길다. 낚시 자체가 얼음구멍 안을 보면서 하기 때
문이다. 가장 좋은 것은 가족이 함께 쓸 용도로 얼음낚싯대 세
대 정도를 따로 장만하는 것이다. '아이스로드'라고 검색하면
70~50cm 길이의 짧은 낚싯대와 소형 릴이 세트로 판매되는 것
이 있다. 한 세트당 2만~3만원이면 구입할 수 있는데 너무 싼
것은 릴 자체의 성능이 떨어지므로 피한다.
낚싯대 세트 가격이 부담된다면 현장에서 판매하는 플라스틱 소
재로 만든 견짓대를 사용해도 상관없다.
루어는 신경을 좀 써야 한다. 유료터 송어낚시에서 쓰는
1.5~2g 무게의 스푼과 1/32온스 지그헤드를 가져간다. 스푼
은 금색이 특히 효과가 좋으므로 금색은 꼭 챙겨가도록 하자. 지
그헤드리그용 웜은 1.5~2인치를 쓴다. 축제장에서 판매하는 웜
제품을 추가로 구입한다.

낚시 요령

축제장은 개장 시간에 맞춰 입장을 허용한다. 보통 텐트가 있는
텐트터와 아무데나 앉아서 낚시하는 일반터로 나뉜다. 가장 좋
은 포인트는 그물 옆과 수심이 제일 깊은 곳이다. 대개 오전 9시
에 개장을 하는데 이때 가장 입질이 활발하다.
주최 측에서 얼음구멍을 다 뚫어 놓았으므로 곧바로 낚시를 하
면 된다. 입질이 활발할 때는 루어를 내리면 곧바로 덥석 무는
경우도 흔하다. 스푼은 입질 탐색용이라고 보면 된다. 입질이 이
어지면 지그헤드리그로 바꿔준다.
축제장의 수심은 대개 1~1.5m다. 얼음구멍 안으로 송어가 움
직이는 게 보인다. 송어가 유영하는 수심에 루어를 내리고 위아
래 2cm 내외로 움직이도록 대 끝을 흔들어주는 셰이킹 액션을
준다. 아침엔 대개 바닥층에서 입질을 한다. 입질이 감지되면 낚
싯대를 세우고 끌어내면 된다.

꼭 잡고 싶다면

첫째, 개장 후 30분, 폐장 전 30분에 집중적으로 낚시한다. 얼음
낚시에 풀리는 무지개송어는 대부분 양어장 고기이므로 양식할
때 사료를 주는 시간에 적응되어 있다. 이 시간은 대부분 오전
일찍, 그리고 해질 무렵이다. 대부분의 얼음낚시축제가 오전 8
시~9시에 개장하고 오후 5시에 폐장하므로 골든타임을 놓치지
않는 것이 중요하다.
둘째, 가장 지저분한 얼음구멍을 찾는다. 지저분한 얼음구멍이
란 화산처럼 불룩 튀어나온 것을 말한다. 일단 무지개송어를 한
마리 잡아보면 얼음구멍 주변으로 물이 튀기 마련이고 금방 얼
어붙는다. 평소 고기가 많이 낚인 구멍은 방류된 무지개송어의
길목일 확률이 높다.

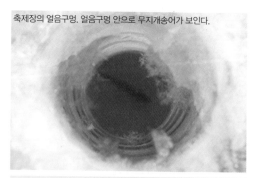

축제장의 얼음구멍. 얼음구멍 안으로 무지개송어가 보인다.

무지개송어 얼음낚시 장비

얼음송어축제에 몰린 인파. 사진은 평창송어축제.

얼음송어축제 어디에서 열리고 있나?

◇ **평창송어축제**
강원도 평창군 진부면 오대천 둔치에서 열린다. 200여 동의 얼음텐트터와 일반 얼음낚시터로 나눠 운영하고 있으며 눈썰매장, 스노우레프팅, 얼음카트 등 놀이시설을 갖춰 놓았다. 입장료는 2만5천원이며 얼음텐트는 2인 이상 온라인 예약만으로 접수를 받는다.

◇ **파주송어축제**
경기 파주 광탄레저타운에서 열린다. 서울에서 가장 가까운 축제장이다. 입장료는 1인 1만7천원이며 일요일엔 성인맨손잡기체험 행사도 열린다.

얼음송어낚시용 스푼. 금색이 효과가 있다.

◇ **가평 씽씽송어축제**
경기도 가평군 가평천 자라섬 일원에서 열린다. 입장료는 1만3천원이며 잡은 고기는 무료 구이틀에서 요리해 먹을 수 있다. 야간낚시도 할 수 있으며 이용료는 1만원.

◇ **홍천강 인삼송어축제**
강원도 홍천군 홍천읍 홍천강 일원에서 열린다. 텐트낚시터와 일반 얼음낚시터로 나눠 운영하고 있다. 입장료는 1만5천원이고 얼음텐트는 4인 기준 4만5천원이다.

전국 무지개송어 유료낚시터

전국에 있는 주요 무지개송어 유료낚시터를 소개한다. 낚시터는 대부분 수도권에 몰려 있다. 낚시터 관리인은 무지개송어를 방류하고 가을부터 이듬해 봄까지 한시적으로 운영한다. 개중엔 겨울이더라도 낚시터를 운영하지 않을 수 있으므로 낚시를 가기 전 미리 확인해야 한다. 낚시를 하는 비용, 입어료는 낚시터마다 다르나 손맛만 보고 방류하는 손맛터는 일출 후부터 일몰 전까지 2만5천~3만원, 낚은 고기를 일부 가져갈 수 있는 잡이터는 일출 후부터 일몰 전까지 3만원~3만5천원을 받고 있다. 뜰채를 반드시 사용해야 하며 낚시터마다 사용을 금지하는 채비나 루어가 있으므로 미리 확인하기 바란다. 연락처 또는 홈페이지는 2020년 현재 기준.

경기도

경기 광주 유정낚시터

광주 유정낚시터
도척면 도척로 897. 수면적 4만3천평. 루어낚시와 플라이낚시 허용. 손맛터. 휴게실과 식당 운영. 031-762-5185. 네이버카페 http://www.yujungji.com/

광주 진우낚시터
도척면 진우리 845. 수면적 2만평. 루어낚시와 플라이낚시 허용. 손맛터. 휴게실, 방갈로, 식당 운영. 031-762-7913

광주 추곡낚시터
도척면 추곡리 386-3. 수면적 5천평. 루어낚시와 플라이낚시 허용. 손맛터. 휴게실과 식당 운영. 031-762-1269

남양주 화도낚시공원
화도읍 금남리 54. 수면적 1만2천평. 루어낚시와 플라이낚시 허용. 휴게실, 방갈로, 식당 운영. 031-591-1706. 다음카페 http://www.ecoman.co.kr/

시흥 달월낚시터
월곶동 산63-7. 수면적 2만1천평. 손맛터. 저수지 일부를 막아 3천평 규모의 무지개송어낚시터를 운영하고 있다. 식당과 매점 운영. 031-498-9300

안성 장광낚시터
죽산면 관앞길 103-6. 수면적 6천평. 루어낚시와 플라이낚시 허용. 식당, 휴게소, 방갈로, 캠핑장 운영. 031-672-6677. 홈페이지 http://www.jkfishing.com/

양주 기산낚시공원
백석읍 기산로 592-46. 수면적 2만여 평. 루어낚시와 플라이낚시 허용. 잡이터. 3마리까지 반출 허용. 휴게실과 식당 운영. 식당에서 송어회 요리. 031-876-0202

용인 지곡낚시터
기흥구 지곡동 산32-24. 수면적 9천평. 루어낚시와 플라이낚시 허용. 손맛터. 휴게실과 식당 운영. 031-286-4784. 네이버카페 http://cafe.naver/jigok.fishinggall.com/

용인 신기낚시터
처인구 신기로 42번길 146. 수면적 4천5백평. 루어낚시와 플라이낚시 허용. 휴게실과 식당 운영. 031-336-0070. 네이버카페 http://cafe.naver/shingifishing

강원도

원주 솔치송어파티
신림면 솔치안길91. 수면적 300여 평. 루어낚시와 플라이낚시 허용. 펜션 단지가 있어 숙박을 할 수 있으며 송어양식장과 송어 전용 식당 운영. 낚시 장비 대여. 033-764-1506. 홈페이지 www.solchipension.co.kr

춘천 말고개낚시터
사북면 말고개길 307. 수면적 1천5백평. 루어낚시와 플라이낚시 허용. 손맛·잡이터. 결빙되면 송어 얼음낚시 가능. 식당에서 송어 요리 가능. 010-2789-7984

강원 원주 솔치송어파티

논산 벌곡낚시터
벌곡면 덕목리 237. 수면적 300여 평. 손맛터. 휴게실과 식당 운영. 041-734-5881

진천 톨게이트낚시터
진천읍 상산리 370-8. 수면적 450여 평. 루어낚시와 플라이낚시 허용. 손맛·잡이터. 043-534-1213

경상도

구미 사각지 낚시터
신동 57번지. 수면적 9천여 평. 손맛터. 휴게실과 식당 운영. 054-472-4071. 네이버카페 http://blog.naver.com/sakakji

부산 이곡낚시터
기장군 철마면 곽암길 7(낚시터 입구 안내판 앞까지 안내). 수면적 3천평. 손맛터. 휴게실과 식당 운영. 010-8650-5526

경기 용인 지곡낚시터

전라도

완주 송현낚시터
고산면 남봉리 470-12. 수면적 5백평. 식당과 휴게실 운영. 손맛터. 063-262-3690

화순 청풍낚시터
청풍면 한지리 111. 수면적 7백평. 손맛터. 식당과 휴게실 운영. 061-373-9808

무지개송어 손질하기

무지개송어는 진액이 많이 나와 미끄럽기 때문에 손질할 때 안전에 주의해야 하고 목장갑 등을 끼고 하는 게
좋다. 크기가 큰 송어는 잔가시를 핀셋으로 제거해야 요리가 깔끔해진다.

1_
꼬리에서 머리 쪽으로 비늘을 벗긴다.

2_
항문에 칼을 넣어 내장을 제거한다.

3_
뼈에 있는 혈액을 칼로 긁어준다.

4_
가슴지느러미 밑에 칼집을 넣는다.

164

5_
꼬리 위쪽에 칼집을 넣는다.

6_
등지느러미 위쪽으로 칼집을 넣는다.

7_
뼈를 따라 포를 떠준다.

8_
잔가시를 확인한다.

9_
핀셋을 이용해 가시를 제거한다.

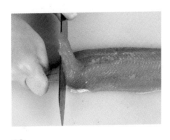

10_
꼬리를 잡고 껍질을 벗긴다.

11_
뱃살을 반듯하게 잘라낸다.

12_
자투리를 잘라 직사각형 모양으로 다듬
는다.

13_
손질이 완료된 송어 살.

무지개송어 타다끼

타다끼(たたき)는 겉에만 살짝 익힌(레어) 요리로 간단한 애피타이저나 술안주로도 즐길 수 있는 요리이다.
송어의 겉면만을 익혔기 때문에 고소하고 고기의 쫄깃한 식감을 살릴 수 있다.
고추냉이(와사비) 소스가 송어의 흙냄새를 잡아준다.

준비 재료

송어, 어린잎채소, 실파, 고추냉이(와사비), 마요네즈, 플레인 요거트, 소금

1_
고추냉이를 넣는다.

2_
마요네즈를 넣는다.

3_
소금을 넣고 섞어준다.

4_
플레인 요거트를 넣는다.

5_
잘 섞어서 소스를 완성한다.

6_
실파를 손질한다.

7_
잎 부분만 송송 썬다.

8_
그릇에 덜어 놓는다.

9_
달군 팬에 송어를 앞뒤로 겉면만 익힌다.

10_
나머지 한쪽도 똑같이 익혀준다.

11_
잠시 식혀둔다.

12_
식은 송어를 직사각형으로 정리한다.

13_
먹기 좋은 크기로 썬다.

14_
접시에 돌려 담는다.

15_
송어 위에 실파를 얹는다.

16_
가운데에 소스를 뿌린다.

17_
위에 어린잎채소를 얹는다.

18_
완성된 무지개송어 타다끼.

찾아보기

ㅊ

ㅋ

ㅈ

한 번도 낚시를 해보지 않은 분들을 위한 루어낚시 안내서

루어낚시의 맛